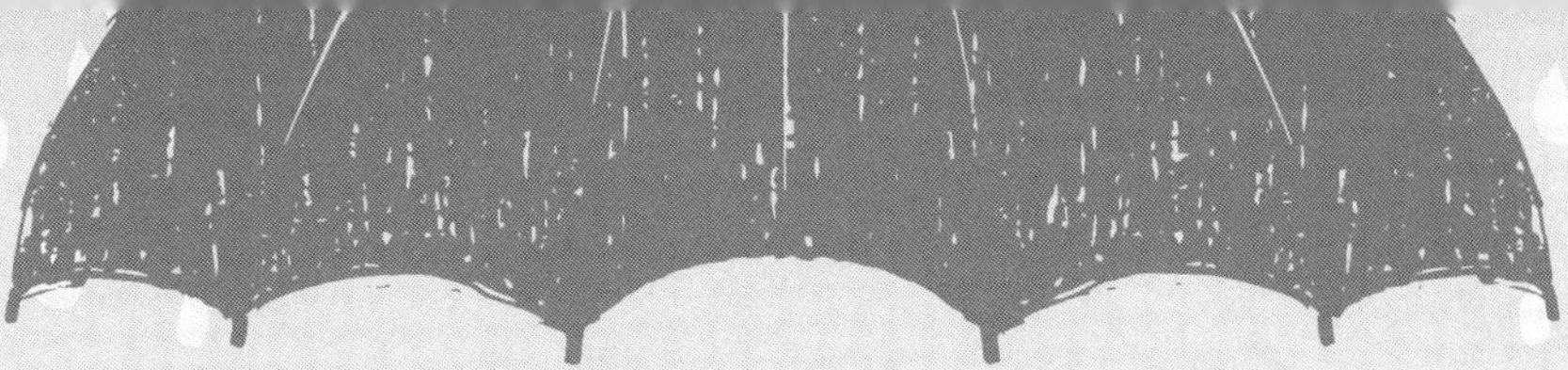

傘の神学 I

# 普遍啓示論

## そこに立ち現れる神

濱 和弘［著］

YOBEL, Inc.

愛する孫、近藤紘人《ひろと》・莉帆《りほ》にささぐ。

# はじめに

その日、私の神は謎となりました。その日とは、東日本大震災の被災地を訪れた日です。被災地に広がる情景、臭い、肌に感じる埃っぽい空気、そのような五感で感じ得るすべてのものが私の信仰に揺らぎを与えました。揺らぎは二つ。一つは、「今まで私が習い培ってきた救済論は、ここでは通用しない」ということであり、もう一つは「神の存在への疑念」です。

その影響と背景の中で、『人生のすべての物語を新しく――シェルターの神学から傘の神学へ』を2020年1月に刊行しました。その中に信仰の揺らぎについて述べた部分があるので、引用したいと思います。

著者は、東日本大震災の二週間後に、トラックに救援物資を積んで、いわき市の津波の被害現場に立っていた。また、一か月後にも石巻の被災現場も訪れ、その津波の被害の大きさに声を失った。そして、その被災地の中で、おそらく津波に流され崩れ去り瓦礫となった自分の家であろう、その瓦礫の山の前でうずくまるようにしてしゃがみこんでいる一人の初老の男性の後ろ姿を見た。そのとき、その後ろ姿を見ながら牧師として、またひとりのキリスト者としてかける言葉を見つけられない現実に戸惑いと無力感を感じていた。

目の前にあるこの悲惨な現実、そこに苦悩し、悲しみ、途方に暮れて佇んでいる人がいる。その人に、「わたしたち人間は罪びとです。神は、その罪びとであるわたしたちを罪とその罪の裁きである死から救うために十字架にかかって死んでくださったのです。それほどまでに神はあなたを愛しているのです」という言葉が、どれだけの力とリアリティがあるのか。何よりも、著者自身が、あの打ち上げられた船や瓦礫の山、津波に流されて何もなくなった家の敷地、そういった現実を見せつけられて、心の中に「神も仏もあるものか」という言葉が沸き上がってくる。このような事態をどう考えたらよいのか。この問いは、著者にとって抜き差しならないものとして答えを求めてくるのである。

神は本当にいないのか。「神がいる」としたならばこの不条理な苦しみや悲しみはどこから来るのか。また、これまで著者が語り伝えてきた「罪の赦し」の福音が、この不条理な苦しみと悲しみの中にある人に語る言葉として、力とリアリティがないとするならば、「罪の赦し」を語る福音の言葉はいったい何なのか。牧師であるならば、また牧師であるからこそ、それは考えることを避けてはならない問題として迫ってくるのである。

ここで私が取り上げた問題は、主に**救済論**に関わる問題で、「今までの救済論では、ここには通用しない！」という激しい揺らぎから起こったものでした。

日本では福音派と呼ばれるグループに属する教派の教会で信仰をもち、その信仰の中を歩んできた私は、キリスト者になってから今日に至るまで、そのアイデンティティを一貫してもっています。福音派の救済論の中心は、アウグスティヌス以来、「罪の赦し」を救済論の核に置く西方教会型の伝統の延長線上にあります。宗教改革以降、プロテスタントの教会はますますその傾向が強くなったといえます。日本の福音派においても、イエス・キリストがもたらした福音を、**「罪の赦しの福音」**としてとらえ、罪の赦しという側面のみからとらえて語る傾向が強くあります。私が属している教派は、18世紀にイギリス、そしてアメリカで起こった大覚醒《リバイバル》運動の影響を強く継承しています。私は、この傾向に対して、以前から限界を感じ始めていました。**「罪の赦しの福音」**がもたらすメッセージはおおむね次のようなものです。

**神**は罪びとを裁かれる。その裁きは罪びとを地獄に送り、地獄の火で焼かれ、永遠に苦しむ。そして、人間は罪びとである。**神**は、その罪びとであるわたしたちを罪とその罪の裁きである死から救うために、イエス・キリストを送り、我々人間の身代わりとなって、イエス・キリストは十字架にかかって死んでくださった。それほどまでに**神**はあなたを愛している……。

このような福音理解は、18世紀のジョナサン・エドワード（Jonathan Edwards, 1703 - 1758 アメリカを代表する会衆派の神学者、牧師、アメリカ先住民〔インディアン〕への宣教師）、20世紀ではビリー・グラハム（Billy Graham, 1918 - 2018 現代アメリカの最も著名なキリスト教〔南部バプテスト連盟〕の福音伝道師、牧師、神学校教師、福音派キリスト者）といった著名な大衆伝道者を生み出しました。彼らは、尊敬に値する伝道者であり、彼らが成し遂げた功績は決して過少評価されてはならないものです。しかし彼らの語る内容は、神の裁きを全面に打ち出し、そこに神の愛と救いの業を語るという、ある種、相手を脅して導くといった内容のものであったことを否むことはできません。そのような**「罪の赦しの福音」**では、私が抱えていた深い心の痛みや悲しみ、そして心の傷をもった私という実在のすべてを**掬《すく》い**取ってくれるものではありませんでした。また、当然被災地にたたずむ人たちの苦しみや悲しみをも**掬《すく》い**取ってくれるとは思えません。なぜなら、**「罪の赦しの福音」**は、わたしたちを取り囲む世界が、わたしたちに与える苦しみからわたしたちを**掬《すく》い**取ってはくれないからです。自分の犯した罪や悪の裁きに対する恐れからわたしたちを救う魂の救いではあっても、肉体をもってこの世界の中で存在し、生きるわたしたちを、この世界がもたらす様々な苦しみ、悲しみや痛みから**掬《すく》って**くれるものではないのです。

イエス・キリストがもたらした救いは、罪の裁きにおびえる魂をたんに救うだけのものではなく、この世界の中で苦しむわたしたちの存在そのものを「**救い／掬い**」[1]取ってくれるものではないでしょうか。そこから、私の救済論への問いかけが始まりました。そして生まれたのが、『**人生のすべての物語を新しく**』で、その根幹にある福音理解を要約すると――、

**神**は人を**神の像**《かみのかたち》にかたどり、**神**に似せた**神の似像**《にすがた》を造られるという**神**の意志を示しています。その**神**の意志に従って、**神**にかたどって人を創造したのです。この**神の像**《かみのかたち》と**神の似像**《にすがた》が人をして人間ならしめるのですが、このような**神の似像**《にすがた》の形成は、即座に完成されるものではありません。それは形成されていくものであり、**神**の創造の業の完成に向かい、養い育てられながら成長していく者となります。イエス・キリストの十字架によってもたらされた新しい契約において人間が**神**に対してなすべき業《わざ》は、イエス・キリストの十字架の死によってすでに、完全に履行されています。イエス・キリストの十字架の死は、わたしたちを**神**の王国に生きる者としてくださいます。また**神**の王国における**神**の支配の下で癒され、慰められ、励まされ、支えられながら、わたしたちを**神**の創造の業《わざ》に従って人間本性の完成へと招いてくださっています。

1　「**救い／掬い**」とは、人間の罪を赦すということに収斂する救いの概念ではなく、人間存在のすべてを包みこみ掬い取る傘の神学的救済の概念。そこには罪の赦しだけでなく、人間が経験するすべての苦悩が含まれている。

というもので、そこには、創造論的救済論に基づく福音理解があります。

しかし前著には、積み残した問題がありました。「**神の存在への疑念**」です。私は被災地で「神も仏もあるものか」と思ったのです。ほんとうにそう思った。しかし、「**それでも神はいる**」という言葉が頭の中を響き渡ったのです。

この**世界**には神も仏もいない。被災地の悲惨な現実を直視すれば、容易に察知し得ることでした。現実の**世界**から得られる答えでもあるといえるでしょう。被災地に立ったあの日、**神**は被災地の悲惨な状況の中に隠れ、謎となったのです。しかし、その謎の中から「**神はいる**」という言葉が私の全身を貫いていきました。**神**は隠されていますが、そこに「**いる**」。だとしたら、響き渡る言葉こそが、**隠れた神**からの啓示の言葉としてそこにあるのではないでしょうか。

本書は、その**啓示の問題**に「**神はいる**」ことを中心に向き合い、取り組んだ中から生み出されたものです。

その際、従来の神学的な方法ではなく、**宗教哲学的な視点**から神の啓示を考えました。後に詳しく述べますが、神学において「**神はいる**」とは論証不可能な信仰の事実として前提となっている事柄だからです。まずは「**神はいる**」ことを、人はどのようにして受け入れることができるかを考えることから始める必要があると考えたからです。そうすると、必然的に宗教全般の根底にある**超越的存在**を感じ取る**宗教経験**が問題となります。そのような視点は、必然的に**宗教多元主義**的な見方になります。それは、論証不可な「**神はいる**」という信仰の事実を考えるためには避けて通れないものです。宗教多元主義についてジョン・ヒック（John Hick, 1922 - 2012）が詳しく展開していますので、宗教多元主義に対して本書では詳述はしません。

ただ、私は、唯一の神の存在を信じています。そこには**超越的存在**である「**神はいる**」という宗教経験があり、この経験は、様々な宗教においても共有できるものです。共有できるものであるならば、その**宗教経験**について考えるための宗教哲学的視点が不可欠です。この視点は、**宣教論的**にもたいへん有益です。

前著は、当時、漠然とではありますが、私の人生はそう長くないのではないかという思いの中で、家族への遺書のつもりで書いたものですが、幸い今も生かされています。そのおかげで積み残した問題にも踏み込んで考えることができるようになったのは、まことに幸いです。

２０２４年　イースターを迎えて

濱　和弘

凡例

・神 —— キリスト教の神を指す場合は**太字**、その他の宗教を含む神仏とされる存在を指す場合は細字で表記
・神性 —— キリスト教の神の本性を現す場合は**太字**、その他の宗教を含み神仏の本性を指す場合は細字で表記
・存在 —— ハイデッガーのいう Sein ＝**存在**を現す場合は**太字**で表記。一般的な意味での存在を現す場合は細字で表記
・存在者 —— ハイデッガーのいう das seiende を現す場合は**太字**で**存在者**と表記
・世界 —— 人・物質で構成され、人間の知性で認識される世界を表す場合は**太字**で表記。一般的な意味での世界は細字で表記
・私 —— キリスト教の神に対して用いる場合は**太字**、一般的な用い方の場合はひらがな、著者を指す場合は細字で表記
・聖餐 —— 正教会の聖体機密、カトリックの聖体拝領、プロテスタントの聖餐式のすべてを包括する場合は**太字**で表記
・略語については次の通り。ヘ：ヘブル語、ギ：ギリシア語、ラ：ラテン語、英：英語、独：ドイツ語
・聖書の引用は「聖書協会共同訳」を用い、それ以外の訳を用いる場合はそのつど表記する
・凡例にあげたもの以外での**太字表記**は、本書における重要な概念や用語である
・聖書箇所表記は、次のようにする。本文：マタイによる福音書5章1節
本文（ ）内例及び脚注例：マタイによる福音書5章1節→マタイ五1
また旧約聖書各書名は省略はしない。

# 傘の神学Ⅰ　普遍啓示論——そこに立ち現れる神

## 目次

# 序章

## 第一節　宗教としてのキリスト教

キリスト教は救済の宗教です――人間が人間を支配する罪の力から解放され、人間本来の姿を取り戻し、神の民として生きるためにあることを意味します。[2] 同時にキリスト教は啓示宗教でもあります。つまりキリスト教は、「**神かく語れり**」ということの上に成り立つ宗教なのです。

このようにキリスト教を宗教という範疇に入れて語りますと、「いや、キリスト教は宗教ではない」と反発される方も少なからずおられます。このような反発の背景には、キリスト教の信仰こそが絶対無二の真実な信仰であり、他の信仰と一緒にされたくないという思いがあると拝察いたします。

確かに、もともと宗教（英：religion）という言葉はキリスト教を指す言葉でした。実際、シュライアマッハーが1797年に『宗教論』を著した時、彼が意識していた宗教とは、まぎれもなくキリスト教でした。これは、380年に西ローマ帝国皇帝のテオドシウスと東ローマ帝国皇帝グラティアスによってキリスト教が国教化され、唯一の公認宗教（ラ：religio《レリギオ》）となったことから始まったと言えるでしょう。このreligio《レリギオ》は、再び結び合わせるという意味です。つまり、神と人とを結び合わせるものが宗教なのです。ですから、キリスト教がローマ帝国の国教となって以来、ヨーロッパ世界において、宗教という言葉がキリスト教を意味していたのは、自然な流れであったと言えます。

このキリスト教の信仰を意味した religio《レリギオ》（宗教）が、他の信仰形態をも含む包括的概念となったのは、19世紀に、宣教師たちから世界の各地にある様々な信仰形態が伝えられるようになったことによります。彼らは、世界中の様々な地域に超越的存在と人とを結びつける信仰があることを経験し、それを研究し報告しました。そしてそれらの報告を、キリスト教の信仰を基とし、かつキリスト教を頂点として分類し体系化して叙述することを試み、宗教学が生まれてきたのです。これによって、**世界**に存在する様々な信仰の形態が、キリスト教に連関されることによって、宗教という概念の中に包括されるようになったのです。その意味において宗教学は神学の一学科であったとさえ言えます。

しかし今日、宗教学は、もはや神学の一学科ではありません。なぜならば、今日の宗教学は、宗教の名の下でもはやキリスト教を基準とし、それを頂点としてそれ以外の信仰形態を分類し、体系化するのではなく、キリスト教も他の信仰形態と同列に置き、それらを観察し比較することにおいて叙述するようになったからです。

---

2拙著『人生のすべての物語を新しく――シェルターの神学から傘の神学へ』、教文館、2020年で詳しく述べているので、そちらを参照のこと。

このように、キリスト教の信仰を他の信仰の諸形態と同列に置いて比較するという態度[3]は、たんに学問的態度における視点に限らず、非宗教的世界においては一般的な視点であると言えます。先に述べた「キリスト教は宗教ではない」という反発は、このようにキリスト教の信仰を他の信仰と同等に並べることに対する反発ではないかと思われます。そこには、キリスト教こそ、他の宗教に優る存在であるという傲慢さと優越感が混在する優生思想が存在しています。

しかし、キリスト教的ニュアンスをもつ宗教という名のもとでキリスト教も他の信仰形態も同列に置き、それらを観察し比較することには一種の矛盾を含んでいます。これまで述べてきたことからも明らかなように、religio《レリギオ》（宗教）という概念それ自体がキリスト教を現す概念だからです。それゆえに、他の諸宗教とキリスト教を同列に置いて観るといっても、レリギオという概念のもとでそれを行うことは、多宗教をキリスト教の概念の下で見ていることになり、結局、他の諸宗教をキリスト教のもとに置く暴力的な行為であることに変わりないのです。だとすれば、宗教学における宗教という概念を非キリスト教化する必要があります。現代における宗教学の目的は、すべての信仰形態を水平に置き、比較観察し叙述することだからです。ですから、宗教という概念の定義を根本から問い直されなければならないということになります。あるいは、もはや宗教という統一的概念を捨てて、個々の信仰について個別に語るしかないのです。そういった意味では、「キリスト教は宗教ではない」というのであれば、その非キリスト教化された宗教という概念が何であるかを提示する必要があります。

「キリスト教こそが唯一の宗教である」と開きなおってもよいのですが、しかしそれはあまりにも暴力的であり支配的です。神学は、宣教の言葉としても開かれていなければなりません。それこそ「宣教なき信仰は空虚であり、信仰なき宣教は盲目である」[4]のです。「キリスト教こそが唯一の宗教である」といった独善的で暴力的に考えるのでもなく、「キリスト教は宗教ではない」と開き直ることも許されません。なぜならば、我が国においては、キリスト教は、既に一般の人々には、他の宗教団体と同列の宗教として認識されているからです。その認識を理解した言葉が語られてこそ、宣教は成り立つのです。

すでに一般的に受け入れられている宗教という言葉が何であるかという概念に対して、定まった定義があるわけではありません。それは曖昧とした漠然としたものです。[5]しかし、宣教の対象となる

3このような態度は、宗教学が宗教研究の方法論において、信仰をもつ人間そのものをとらえ、その人間の信念や感情といった人間の内面性から宗教をとらえる人文科学的アプローチではなく、社会の中に存在する諸現象を社会現象としてとらえ観察する社会科学的なアプローチに重心を移したことを意味する。

4この言葉は、大木英夫がその著書『偶然性と宗教――現代の運命とキリスト教』ヨルダン社、1981年の152頁にてエーベリンクの言葉として紹介している。

5この問題は、宗教学では宗教概念論の問題として扱われている。日本においては磯前順一らがこの問題に取り組んでいる。参考となる文献としては、磯前順一・山本達也編『宗教概念の彼方へ』法蔵館、2011年や磯前順一『宗教概念、あるいは宗教学の死』東京大学出版会、2012年などがある。

人々が、宗教とは何かということについては漠然としていても、確信的に「キリスト教は宗教である」と認識している以上、何かしらの宗教という概念のもとで、そこからキリスト教の信仰の叙述が求められます。とりわけ日本においては、その必要性はほぼ絶対的なものであると言って良いでしょう。

## 第二節　宗教経験と普遍啓示

宗教とは何か。それは、宗教の定義と言ってよいでしょう。この宗教の定義については、それこそ宗教学者によって様々な定義のしかたがありますが、歴史的には機能論的方法と本質論的方法の二つに分けることができます。

機能論的方法とは、宗教が社会の中で果たす役割や機能に着目し、宗教がどのような機能を果たしているかという視点から宗教とは何かを明らかにしていこうとする試みです。それに対して、本質論的方法とは、宗教ならしめる本質は何かを考え、それによって宗教とは何かを明らかにしようとする試みだと言えるでしょう。つまり、宗教が宗教たる本質は何かを浮き彫りにし、その本質を有しているものが宗教として区分されるです。

そこで機能論の一例としては、冠婚葬祭やお祭りといった場面を考えてみるとよいでしょう。今日のわたしたちは、冠婚葬祭やお祭りといった儀礼によって、そこにある宗教性を感じとり、宗教を意識します。エミール・デュルケーム[6]は、このような儀礼は個人に共同体の集団意識を高めさせ、個々の集合体である集団を共同体たる社会に形成し存続させるものであると考えました。つまり宗教を社会統合機能、あるいは社会維持機能として見たのです。これなどは宗教を機能論的にとらえたものであると言えます。もっとも、この場合デュルケームが観察対象としている儀礼は、既にわたしたちによって宗教儀礼であるとして認識されています。つまり、そこに行われている儀礼を、概念論的には宗教であると認識しており、その認識をもってその儀礼を見ているのです。ですから、そこには何らかの宗教概念が既にあるのです。デュルケームは、それを考察の対象としていないだけなのです。

それに対して、本質論的立場からの主張としてルドルフ・オットーの言説を上げることができます。オットーは、宗教を「聖なるもの」の体験であるとします。オットーのいう「聖なるもの」とは、人間の知性や経験によっては把握できない存在です。それゆえに、この把握不能な「聖なるもの」は、人間の知性と経験を超越した知られざる不気味な存在であり、かつその存在は神秘であって直観されるものです。オットーのいうこの直観された「聖なるもの」は、恐れを感じさせる存在でありつつも、知られざるがゆえに魅惑され、人は「聖なるもの」に引き付けられると言います。

6 エミール・デュルケーム（Émile Durkheim, 1858—1917）。フランスの社会学者であり宗教学者。

オットーは、この「聖なるもの」の前に人が立つときに感じる感覚をヌミノーゼと呼びます。それは、恐れつつ引き付けられるという非合理的な感覚であり、人間の合理性を超えた超越的な存在との関わりの中で直観された神秘的な経験であり、「聖なるもの」の直接経験であると言ってよいでしょう。この人間を超えた超越的存在との関わりこそが、宗教を宗教ならしめる本質とみなされるのです。

このように、宗教をそれが果たす機能からとらえる見方とその本質が何であるかを探求するところから宗教を定義しようとする二つの見方がありますが、脇本平也《わきもとつねや》（1921 - 2008）はこの二つを総合するようなとらえ方を示します。脇本は、まず、宗教を構成する要素として「教理」（脇本の表現では、「教義」だが、ここでは「教理」とする。）「儀礼」「教団」を挙げます。[7] そこには、宗教を「教理」を有し、「儀礼」を行う共同体である「教団」が形成されている存在として表出する社会現象としてとらえようとする意図が垣間見えます。このようなとらえ方の意図は、外見上はデュルケームの社会統合機能から宗教をとらえるアプローチに近いように思われます。ただ、ここからが重要なのですが、脇本は、ヨワヒム・ワッハ（Joachim Wach, 1898 - 1955）が宗教の本質に**宗教経験**があると述べていることを指摘しつつ、その**宗教経験**を先の「教理」「儀礼」「教団」の三つの構成要素に関係づけつつ、宗教を構成する第四の要素とするのです。[8] すなわち脇本は、先に挙げた三つの構成要素の背後には、それら三つの要素を生み出す**宗教経験**があるというのです。

たとえば、「教理」とは**宗教経験**の言葉化であり、かつ言葉による体系化です。また、「儀礼」とは宗教経験の行為における再現あるいは追体験であると言えます。そして「教団」とは、その宗教経験を共にする共同体を現しています。[9]

ここには、本質となる宗教経験が先行しつつも、その経験が機能となって宗教として表出しています。このように脇本はワッハを取り上げることで、デュルケーム的な社会科学的思考に基づく機能論的宗教研究とオットー的な本質論に分け入る人文科学的な宗教研究を総合する道を示しているのです。この様々な宗教の根底に横たわる宗教経験というものが、キリスト教会においては普遍啓示として取り扱われる領域となります。

7この三要素に加えて「開祖」を入れた四要素でとらえることもできる。その場合、「開祖」の宗教経験が共有されることで「教団」「教理」「儀礼」といったものが形成されることになる。だとすればキリスト教においては、イエス・キリストの宗教経験が基礎に置かれる。藤巻充は、このイエス・キリストの宗教経験は、神を父として経験することであると結論づける（藤巻充『キリスト教の起源』、日本ホーリネス教団出版局、1998年）。藤巻の論に従うとすれば、キリスト教の宗教性は神を父とする経験であり、キリスト者が共有する宗教経験とは、自らが神の子とされた（ヨハネ一12）ということの自覚的経験であると言えよう。

8ヨアヒム・ワッハ『宗教の比較研究』渡辺学・保呂篤彦・奥山倫明訳、法蔵館、1999年を参照。ワッハはこの書において宗教の本性である宗教経験について詳しく述べている。

9脇本平也『宗教学入門』講談社学術文庫、講談社、1997年、107―109頁を参照。

## 第三節　神の自分語りとしての啓示

わたしたちが、本書において取り組もうとしている**普遍啓示**という事柄は、組織神学で取り扱われる啓示論の一部分にあたるものです。組織神学とは、聖書神学、歴史神学、実践神学と共に、神学全体を構成する一分野です。組織神学は、キリスト教弁証学、キリスト教倫理学、教義学に細分化され、啓示論は、我々が信じているキリスト教の内容がどの様なものであるかを体系的に理解するために用いられる教義学の一部分です。

啓示論は、通常、宗教哲学に属する**普遍啓示**と神学に属する**特殊啓示**の二つに区分して論述されます。ですから、神学においては、主として**特殊啓示**とよばれるものが中心になります。このため、神学の世界では、**普遍啓示**は**特殊啓示**よりも一段下に見られる傾向があります。しかし、本書ではその**普遍啓示**を主題に据えて取り扱います。それは、啓示は**普遍啓示**と**特殊啓示**という異なる領域にある不可同なものが不可分に結びつくことによって、はじめて宗教としてのキリスト教における**神**についての認識を生み出すからです。しかもこの二つの結びつきは、あくまでも**普遍啓示**が**特殊啓示**に先立つものであるという不可逆なものです。そしてそこにはのちに詳しく述べる直観と認識の問題があります。直観とは、経験を介さずにわたしたちの意識が直接感じ取る感覚です。それは、後に述べる「驚き」の感情や「不安」、あるいは「畏れ」などの感情になって現れでるものです。また認識とは、私たちの経験を通して、それが何であるかを知性によって理解し把握する能力です。

そこで**普遍啓示**ですが、**普遍啓示**は、わたしたち人間を取り巻く**世界**を通して現される**神**の啓示です。それに対して**特殊啓示**は、聖書とかイエス・キリストという存在を通して現された**神**の啓示であると言えるでしょう。もちろん、啓示という問題を考えるについても、**神**は存在し、自らの存在をわたしたちに現わしておられるということが前提として信じられていなければなりません。そして**神**が自らを現しておられるという信仰がなければ、啓示という概念それ自体が成立しないのです。

一般に学問は、「あるもの」を対象とし、観察し、その「あるもの」を問い、学び、探求し考えることであり、観察をするとは、目で見たり、耳で聞いたり、臭いをかいだり、実際に触ってみるといった体性感覚を通して体験することであると言えます。そして学問は、前提なしに観察するという行為から始まります。たとえば観察する対象が物理的現象であるならば、そこに起こっている物理現象を見たり、聞いたりして、そこから問いをたてて、学び、探求し、考えます。それによって物理学と呼ばれる学問が成立します。また観察する対象が経済現象ならば経済学が、文学作品なら文学が、人間が対象ならば人類学といった学問が生まれてくるのです。逆に言えば、学問においては、物や現象と言った具体的に観察可能な対象がはっきりしているのです。

しかし、神学という学問は、信仰という前提を必要とします。というのも、神学というのは、キリスト教の信じる**神**を対象とし、**神**と**神**に関わる事柄を学問的な方法を用いて理解することだからです。ですから、本来は神を観察し、**神**について問い、学び、考えなければなりません。しかし「**神**は霊」(ヨハネ四24)なのであって、**神**は見ることも、声を聞くこともできないのです。

眼前にある一つの社会現象としてのキリスト教を観察し、問い、学び、探求し、考えることは可能でしょう。しかしそれは、キリスト教という宗教現象を探求する学、すなわちキリスト教学ではあっても神学ではないのです。日本のいくつかの大学にはキリスト教学科というものがあります。これは、宗教学という領域でキリスト教について学び研究するものではありますが、神学を学び研究するところではありません。神学は、あくまでも見ることも聞くことのできない**神**を、「それでも**神**はいる」と信じ、**神**について問い、学び、考える学問なのです。同時に神学は、時代の中に置かれた教会として、その時代の言葉と思想を背負い、教会の信仰を批判的に内省しつつ営まれます。つまり、神学は絶えず時代の中で自らを改革しつつ、時代の言葉によって営まれる教会の業のなのです。[10]

「**神**は霊である」。それはまさに、**神**は見たり、聞いたり、触ってみるといった、五感を通して体験する物理的存在ではないということを意味しています。**神**は観察することができません。もちろん、具体的に観察する対象である**神**がはっきりと提示されていないからといって、徒手で空を打つようにして漠然と考えるだけでは神学は成り立ちません。少なくとも、何らかの手段を通して**神**について考えることができるという前提が必要です。ここに啓示という問題があります。

啓示を示す言葉の中の一つに、ギリシア語のΑποκάλυψις（アポカリュプシス）という言葉があります。これは、覆いを取り除き、それまで覆いの下に隠されていたものを明らかにするという意味があります。つまり、**神**自らがその覆いを取り除き、自らの存在を示し、また自らを語るという一連の自分語りの行為を啓示と呼ぶのです。これまでは一般的に啓示とは、見たり触ったりするといった観察行為ができないために知ることのできなかった**神**が、啓示を通し、**神**とはどの様な存在であり、何をなさる存在なのかをわたしたちに語り示すものであると考えられてきました。つまり、啓示は**神**についての知識を命題的に語っていると考えてきたのです。

このような命題的知識というものは、言葉をもって提示されます。だからこそ従来の啓示論では、啓示の問題を、神について語られている聖書という**特殊啓示**を中心に語られてきたのです。しかし、**特殊啓示**において、**神**は自分がどの様な存在であるかということについて、必ずしも明確に語ってい

10 このような神学の定義は、徳善義和の神学の定義を参考にしている。徳善は神学を「神学とは、神の自己啓示としての神の言葉に聞き従って、『我信ず』という信仰の立場で、キリスト教信仰を学問的に研究する、教会の学である。神学は、教会の宣教のために存在し、これに奉仕する。また神学は、教会の宣教を、聖書と信仰告白とに立って、批判的に検証する」と定義した。本書の記述はその定義を参照させていただいた。

るわけではありません。その意味において**神**は依然として**謎**のままです。だとすれば、**特殊啓示**はわたしたちに何を語っているのでしょうか。それは、**神**自身の人間に対する思いです。**神**は、自らの人間に対する想いや意志を、熱情（パトス）をもって語りかけ、わたしたち人間を導こうとするのです。この**神**が自らの思いを語る自分語りの行為を、わたしたちは**特殊啓示**と呼ぶのです。

もちろん、この**特殊啓示**も「**神**はいる」ということが前提にされています。そしてこの「**神**はいる」という前提は、信仰をもって受け取られるもの、すなわち信じるべき事柄なのです。つまり神学とは、確かに学問という人間の知性の営みではあるのですが、その第一歩は、五感で観察不能な神の実在を信じるということから始まるのです。しかし、信じると言ってもそこには、目で見ることも耳で聞くことも、手で触れることもできない**神**の存在をそう簡たんに信じられるものでありません。そもそもどうやって**神**が存在するということを知ることができるのでしょうか。いえ、それ以前に、そもそも観察できない存在が実在すると言えるのでしょうか。もし、**神**が実在しなければ神学も信仰も無意味です。すでに述べましたように、神学には「**神**はいる」という前提が必要です。そして**神**を信じる信仰には「神はいる」ということが確信されていなければなりません。しかし、なぜわたしたちは、五感で感じられない観察不可の**神**を「いる」と信じ受け入れられるのでしょうか。そこに横たわるのが**宗教経験**です。そしてその**宗教経験**を取りあつかうのが**普遍啓示**のなのです。だからこそ、**普遍啓示**は宗教哲学という領域で考える問題なのです。

# 第一章　「驚き」をもって感じられる神——直観から認識へ

## 第一節　神性は直観される

五感で感じることができない存在を「いる」と認識するには、**存在**それ自体が直観されることが必要です。たとえばわたしたちの国では、巨大な岩（巨石）や巨大な木（巨木）にしめ縄がかけられてご神体とされているものを見かけることがあります。いうまでもありませんが、それらの巨石や巨木は物質としてはただの岩であり樹木です。しかしそれらの前に立つときに、何か畏れ多いもの、すなわち神性がそこに「**ある**」と直観するのです。神性とは神を神とする神の本性です。その神性を巨石や巨木を通して、そこに畏れ多い神性をもつものがここに「**ある**」と感じ取る日本人の宗教的感性があります（このような現象に立ち現れる何か神性なものをエリアーデは「ヒエロファニー」と呼びます）。それが、しめ縄をかけさせ、ご神体として信仰の対象とするのです。

このような現象においては、物質を通してその物質そのものを超えた神性をもつ存在がたち現れています。当然、その神性を目で見ることはできません。ただ神性そのものが、眼前にある巨石や巨木を通して、わたしたちの精神あるいは意識に直接参入してきて、何か畏れ多いもの（ヒエロファニー）

の存在を感じさせるのです。そして、このような体験が**宗教経験**の核にあります。

啓示は、**神**自らが自らを語るという**神**の語りです。だとすれば、**神**が直観されるということもまた**神**の自己開示と言ってよいでしょう。それは五感を介せず、また言葉をも介在させず、わたしたちの意識そのものに迫りくる語りかけです。ですので、宗教を宗教ならしめる**宗教経験**は、この神性を直観する直接経験であると言っても良いでしょう。

つまり**宗教経験**は、畏れ多い神性をもつ存在が、この世界にある事物を通して、人間の意識へ直接的に参入し、ここにわたしは「ある／いる」[11]と直観させるものなのです。たとえばそれは、「なにご

---

11この「ある／いる」という表現は、出エジプト記三14にあるאהיה אשר אהיה（エヒィエー・アシェル・エヒィエー）という神の名乗りに基づく、この神の名乗りであるヘブル語の訳である。これは、逐語的に訳するならば「**私**は『わたしはいる』というものである」となる。「いる」と訳するのは、神は人格的存在であると考えられるからである。しかし、同時にこの聖書の言葉は、神がすべての事物（**存在者**）の存在それ自体を支えるものであり、すべての事物を通して、その**存在**それ自体を現すものであることを示していると解することもできる。つまりこの太字の**存在**は、ハイデッガーのいうSeinであり、存在する事物である**存在者**を超越しかつ**存在者**を包括しつつ、**存在者**の存在を支える**存在**それ自体なのである。たしかに、この事物が人格的存在であるとするならば、日本語の表現は「いる」となる。非人格的なものであれば「ある」となる。神は人格的存在も非人格的存在も含めすべての存在の**存在**を支えているのである。それゆえに、この英語のbeにあたるエヒィエーは、「ある／いる」と表現すべきものである。また、そもそもわたしたちが、神を人格的存在であるとして把握すること自体が、神を対人関係によってのみ絡めとっていることであって、それは矮小化す

との　おはしますをば　知らねども　かたじけなさに　涙こぼるる」という歌に現れ出る体験であると言えます。

　この歌は、西行が伊勢神宮を訪れた際に歌われたものであると言われますが、その信憑性については議論があります。[12] しかし作者がだれであろうと、この歌のもつ本来的意味は、おそらくは社《やしろ》に祭られている祭神が、どのような神であるかは分からないけれども、その畏れ多さにありがたさを覚え、涙があふれ出てくるというものです。ここには、社の前に立ったときに、その社のたたずまいや、その場の与える環境と雰囲気が畏れ多さを感じさせ、それを通して畏怖の念を感じ、何かありがたさを感じているという**宗教経験**があります。

　それに対して、西行の確かな作として、玉葉集にある「天照《あまてらす》、月の光は神垣や、引く注連縄《しめなわ》の内と外なし」という歌があります。この歌は、天照大神《あまてらすおおみかみ》が月の光という自然の中に表され、伊勢神宮の聖域内にのみ在って現れるのではなく、聖域の外にも現れるという思いが歌われたものです。西行は僧であり、それゆえに伊勢神宮の聖域と俗世を隔てる注連縄《しめなわ》の内に入ることはできません。そのため、一の鳥居の前で参拝したと言われます。しかしその聖域の外にあっても、天照大神が月の光の中に現われでて、その月の光に照らされる中で、畏れ多さとありがたさを感じる感覚がこの歌にはあるのです。ここにも自然を通して神性を有する存在を感じ取る**宗教経験**があります。

　こうしてみるとこの二つの歌は、内容的には同じ事柄が歌われていると言えます。しかしそこには、決定的な違いがあるのです。というのも、前の歌は、「なにごとの おはしますをば 知らねども」であり、畏れ多さを感じる相手が対象化されていません。ただ社《やしろ》を通して流れ出る神性を感じ取り、そこに畏れ多い何ものかが「**ある**」と感じて、ありがたさに涙がこぼれるのです。そこには、自然や景観を通して目に見えず名も知らない超越者の神性が「**ある**」ということを直観として感じ取っている**宗教経験**があります。しかし後の歌は、聖なる場所に行くことはできないけれども、自然を通して天照大神という名をもつ神を具体的にとらえています。つまり、自然を通してたち現れた神性は、天照大神という名に絡み取られて対象化され、伊勢神宮の社の中に内在する神となって認識されているのです。

このように、この二つの歌の間には直観と認識という違いが見られますが、後者の歌において、西行は、神性を有する存在の「**ある**」を直観していないわけではありません。月の光の中に神性を感じ取ったうえで、西行が経験を通して獲得した知識によってそれが天照大神であると判断し認識していることになってしまう。ただ便宜上、以下ではこの「ある／いる」を、太字の「**ある**」と表記することとする。

12西行法師（1118–1190）が伊勢神宮を訪れた際に、詠んだ歌とされるが、この西行法師が著作者であるということに疑問を呈するものも多い（西澤美仁『西行――魂の旅路』、角川ソフィア文庫ビギナーズ・クラシックス日本の古典、角川書店、2021年、136–137頁を参照）。仮に疑義の通りに西行の作ではなかったとしても、それでもこの歌は西行の精神と深く結びついており、西行の作だと信じられるような歌であると言われる（桑原博史『西行物語　全訳注』、講談社学術文庫、講談社、2020年、100頁）。

るのです。ここには「直観は認識に先行し認識は直観に従属する」という構造が見られます。この構造についてアブラハム・ヘッシェル（Abraham Joshua Heschel, 1907 - 1972）は、次のように述べています。

考えるということは、決してその事柄と共時的なことではない。考えるということは、以前起こった知覚の過程に従うものだからである。我々は我々の思考の中で、すでに終わってしまった事柄を取り扱っている。……我々は、既に知っていることを光として現在を照らしながら物事を見ている。考えるということは、決してその事柄と同時に起こることではない。考えるということは、以前起こった知覚の過程に従うものだからである。我々は我々の思考の中で、すでに終わってしまった事柄を取り扱っている。[13]

このヘッシェルの言葉の意味するところは次のようなものです。わたしたちは、目の前にある事柄（事物や事象）に出会います。すると即座に過去に経験し記憶されている事柄と比較し始めます。そしてその記憶の中にある出来事で現前の出来事に匹敵する事柄、あるいは関連すると思われる事柄を見つけ出し、その過去の経験と現前の経験（知覚）とを結びつけ、同一化して「これは○○だ」と認識するというのです。つまり、現前の存在は過去に起こった出来事の記憶と結びつくことで認識されるというわけです。

この現在の過去化は、たんに現前の事柄への認識が過去の記憶との比較や同一化によって決定されるという意味だけではありません。知覚—過去の記憶との比較—同一化—認識というプロセスを経るには、刹那的であっても時間の最小単位となるモナド的な時間の経過を必要とします。ですから事柄が認識された時点でもはやそれは現前の生き生きとした経験ではありません。それゆえに認識された事柄は、もはや現前の事柄ではなく過去化された事柄なのだということも含んでいます。

このようにヘッシェルは人間の認識のプロセスを説明するのですが、それでもなお、このような認識のプロセスでは表現できない経験があるとヘッシェルは言うのです。それが、ヘッシェルの言う「言い表せないものの感覚」[14]というものです。

この「言い表せないものの感覚」は、現前の**世界**にないものを現前の**世界**を通して、まさにその**存在**それ自体を感じとる直観のことであると言っても良いでしょう。それは現前の**世界**を通してであるのですが、現前の事柄それ自体に直接結びつかない超越的な**存在**との出会いの経験です。この看取された**存在**が記憶の中にある事柄によって同一化されないとき、それは名もなき**存在**となります。**存在**が何らかの主語を獲得する（あるいは付与される）と「○○である」とか「○○はいる」という言葉によって語ることができます。しかし名もなき**存在**は、名前を持たないがゆえに、主語が欠落

13 ヘッシェル『人は独りではない ―― ユダヤ教宗教哲学の試み』森泉弘次訳、教文館、1998年、16頁。
14 前掲書、ヘッシェル『人は独りではない』13–15頁を参照。

し無化された「**ある**（英：be）」[15]という主語となる名詞をもたない主語なき述語の経験とならざるを得ません。この主語なき述語の「**ある**」の経験において、本来主語にくるべき「名もなき**存在**」をヘッシェルは「言い表せないもの」と呼ぶのです。こうしてみると、わたしたちが、「神はいる」という確信に至るその過程には、連続する二つの階層的な段階があることがわかります。その第一層は、名もなき**存在**が「**ある**」ということが直観され、経験される段階です。この段階においては、**神**という主語はまだその直観された**存在**に与えられていません。ただ、神性の「**ある**」という迫りがあり、「言い表せないものの感覚」のみがあるのです。そしてそこで重んじられるべきは、「**ある**」という述語です。つまり、直観するのは「**ある**」というそれ自体を直観するのであって、それが何であるかという認識は直観に続くものとして直観に従属するのです。

そこで第二層ですが、第二層は、名もなき超越的な**存在**への名づけです。この名もなき**存在**が**神**と名づけられて初めて「**神**がいる」という認識が生まれます。その認識があって神が実在するということが確信されて、そこに信仰が生まれてくるのです。

## 第二節　世界の外側から語りかける言葉

暗闇には恐怖があります。子どものころ夜中にふと目覚めたとき、真っ暗で何も見えない室内に何かがいると感じ、布団にうずくまり「神さま、仏様、どうぞ助けてください」と心の中で叫んでいたことがしばしばありました。そして、勇気をふるって恐る恐る部屋の明かりをつけるのです。すると光が部屋の中を照らし出します。それによって私の中の恐怖は消え、暗闇の中で感じた何かの存在も去っていきます。そして心は安堵してホッとし、恐怖の経験だけが記憶に刻まれるのです。実は、このような経験は大人になってからもときどきあるのです。そこで、この暗闇の恐怖と光がもたらす安堵感について分析的に考えてみたいと思います。

　暗闇は部屋の中にある机や椅子や本棚といったすべてのものを覆いつくし、その姿を消し去り、わたしたちを何もない闇の中に置きます。その意味で暗闇は、あらゆる事物の「**存在**」を奪い取るものであると言えます。その存在が奪い取られた世界が心に不安と恐怖をもたらしたと言えるでしょう。つまり、私が感じた暗闇に対する恐怖は、**存在**が略奪された恐怖であり、**存在**のない世界に放り出された恐怖だと言えます。それに対して光が部屋を照らすとき、そこに存在する机や椅子や本棚といったものが現れ出ます。闇に覆われていた世界に机や椅子が現れ出て、そこに**存在**が「**ある**」と語りだします。その**存在**が「**ある**」ということが、心を安堵させ、私もこの**世界**内に「**ある**」ということを確

15 注11を参照。

認させるのです。
暗闇は**存在**を略奪し、光は**存在**を現します。もちろん、暗闇の中にあっても机や椅子や本棚は、闇に隠されているけれどもそこにあります。しかし光が照らし出さない限り、そこにある事物の**存在**は現れてこないのです。ですから、実際には闇が略奪するのは「存在する事物」ではなく、**存在**を現し出す光なのです。つまり、わたしたちが知覚する世界に「存在する事物」は光によってはじめてその**存在**が認識されるのです。同時にそれは、わたしたちがこの認識できる**世界**内に生きていること、すなわち「存在させられている者」であることを自覚させる出来事でもあります。にもかかわらず、わたしたちがこの世界の事物を知覚している間は、わたしたちはこの事物を「存在する」ものとする光を意識することも感じることもありません。光は存在する事物の背後に隠れてしまうのです。だからこそ、光が略奪された世界に置かれることで、初めて光の必要性を感じ、光を求めるのです。

この光と事物との関係は、「存在する事物」と**存在**の関係の一つのメタファーにすぎませんが、この関係を哲学の言葉として言い表しているのがハイデッガー（Martin Heidegger, 1889 - 1976）の**存在**（独：Sein《ザイン》）と**存在者**（独：Das《ダス》 Seiende《ザイエンデ》）の関係です。ハイデッガーは、わたしたちが、当たり前のようにして事物が存在していると認識する事実から、**存在**とは何かについて考えた哲学者です。その考察においてハイデッガーはこの**存在**と**存在者**との関係を、**存在**が**存在者**を通して語り、表れ出る現象学的現象と考えました。「○○がある」という場合、現前の○○という事物を通して「**ある**」という**存在**それ自体がそこにたち現れ出ているというのです。たとえば、この○○に「机」という語を入れたとしましょう。すると、「机がある」という言葉なります。このときハイデッガーがいわんとしていることは、この机という**存在者**の背後にあって「**ある**」という**存在**それ自身が、机を観察し知覚する者に「これは机である」と知覚させるような働きかけをするのです。その働きかけに応答する形で、これは、「机である」という認識がなされ、その認識をする人間も自分自身が「机がある」世界に存在させられている者（Dasein《ダーザイン》／現存在）である自覚をもつ現象学的な関係としてとらえられたのです。ですからこの「**ある**」は、**存在者**を通して現れ出る**存在**それ自体なのです。

このようなハイデッガーの理解は、「神がいる」という意識を理解するためには重要な視点を与えてくれます。というのも「神はいる」という意識は、具体的な事物として認識されるものではないからです。先に述べましたように、わたしたちは巨石や巨木といったもの、あるいは自然環境を通して何か神的なものの神性を感じ取るヒエロファニー的経験をすることはありますが、それは認識の対象である巨石や巨木を神として感じ取っているのではなく、巨石や巨木という事物の背後に隠された神性が、わたしたちの意識そのものに直接意識されているからです。つまり、巨石や巨木を通して、神性が「わたしは**ある**」と語りかけているのです。そこには、意識への直接的な参入である直観が働いています。

このように「神がいる」という意識は直観に基づくものです。先にも述べましたように前著『人生のすべての物語を新しく』で述べた、東日本大震災の被災地に立った時に感じた出来事の中にも見られます。東日本大震災直後、あの被災地の荒廃した瓦礫が積み上げられた地に立ち、悲惨な風景を目にしたとき、その風景を通して「神も仏もあるものか」という心の叫びの声を聞きました。同時に、それでもなお頭の奥底《おくそこ》に「それでも**神**がいる」という言葉が響き渡ったのです。

東日本大震災の津波の被災地に広がる風景は、希望を奪われた絶望の世界でした。生活のすべてが奪い去られ、ただ虚無のみが支配する色も音もない世界。そこには、無惨な瓦礫の山が広がり、人の生活の営みが瓦礫の中に覆われてしまっていました。いのちまでもが。その絶望が私の心を覆う闇となり「神も仏もあるものか」と叫び続けます。同時に、そこにある瓦礫の山が私に語りかけるのです。「それでも**神**はいる」と。

「神も仏もあるものか」という心の叫びと「それでも**神**はいる」と頭に響き渡る言葉。この経験はまさに矛盾です。「神も仏もない**世界**」であるならば、そこに**神**はいません。逆に「**神**がいる世界」であるならば、「神も仏もいない」などということはないのです。にもかかわらず、あの東日本大震災の現場の荒廃した風景は、「神も仏もいない世界」を認識させます。私が目で見、鼻で嗅ぎ、耳で聞き、肌で空気を感じるという五感で認識したあの悲惨な被災地の風景は、「**神**のいない**世界**」の根拠であり証拠です。しかしそのただ中に置かれてたたずんでいた私は、あの絶望的な風景の中にもそこにある神性を有する神的存在が「ある／いる」という**存在**を感じとっているのです。そしてその神的存在を神という名で感じ取っているです。ここには、直観に基づく宗教経験と知性による識別がもたらす認識との矛盾が、私という一人の人間の中において両立しているのです。そしてそれを成り立たせているのが「それでも神はいる」と語りかけてくる言葉なのです。つまり、絶望と希望という矛盾する二つの事柄が「神はいる」という言葉を場にして両立しているのです。

認識には根拠があります。五感をもって知覚し観察することが可能な具体的対象が「そこにある（Das《ダス》 Seiende《ザイエンデ》）」からです。その認識がもたらす言葉は知性の内にあります。ですからわたしの「神も仏もあるものか」という言葉は、わたしの内の言葉であると言えます。目の前に広がる悲惨な風景は、神や仏がいると言うことなどとても考えられない世界なのです。それに対して、直観には根拠がありません。直観には、それが何であるかを観察する対象がないのです。ですからどんなに声を大にして「神はいる」と言い張ろうと、そこには何の根拠もありません。ただ、「そう思う」「そう感じる」というだけに過ぎないものなのです。それでもそこに何か神性な存在がいると直観したとすれば、それは人間の五感で感じることのできない世界からの語りかけなのです。私が聞いた、「それでも神はいる」という言葉は、私の外側から語りかけてくる言葉であったと言えます。知性外の言葉だからこそ、知性内では矛盾であることが両立するのです。

キリスト教であろうとなかろうと、信仰とは、「神はいる」という認識を超えた語りかけによって成り立つ世界です。「神はいる」という信仰の認識は、「ある」という知性の外から語りかける言葉を感じ取る直観の上に、神という主語があり、初めて「神はいる」という認識が生まれるという前節で述べた二つの層（直感と認識）によって構成されます。その認識が確信に変えられることにより「神はいる」ことが、人間の信仰の豊かさを築き上げていくのです。「神はいる」という認識は人間の知性の上に成り立っているものではなく、人間の信念の上に成り立っている事柄なのです。東日本大震災時に「それでも**神**はいる」ことを直観し、それをキリスト教における**神**として認識したのは、私がキリスト者だったからです。つまり、私の内にあるキリスト教的背景の中で、すでに**神**という名前と概念があったからです。名もなき**存在**に、**神**という名づけがなされていたのです。

仮に私が仏教徒ならば「仏はいる」になったでしょうし、イスラム教徒であったならば、「アッラー」となったでしょう。このことは、この名もなき存在の「ある／いる」という経験が、何かしらの神や仏といった宗教概念と結びつかない限り、単なる超越的な何かが「ある／いる」と感じるだけに止まったであろうことを意味しています。神性が「**ある**」という直観が、「**神**はいる」という認識になるのは、「**ある**」という直観に**神**という名詞が従属することによって、初めて「**神**はいる」というキリスト教の**宗教経験**になります。

したがって、**神**という名によって構築された概念が、名もなき神的な存在を「**ある**」と感じたその人の中にあって初めて「**神**はいる」という確信に至るのであって、直観は認識に先行します。ここに神の名を伝える宣教の意義と、**神**という概念を追求し言葉化する神学の意味があります。

# 第三節　神の名は？

神（へ：エロヒーム／ギ：セオス）という名は、本来は普通名詞であって固有名詞ではありません。聖書における神の固有名詞は、「わたしは**ある**」（へ：エヒィエー／ギ：エイミィー）です。[16] これは、神自らの名乗りに基づくものであって、人が名もなき超越者に名づけた名前ではありません。この「エ

16 一般に旧約聖書で神の名を表す神性四文字（יהוה）は、十戒にある「あなたは、あなたの神、主の名をみだりに唱えてはならない。」（出エジプト記二〇7）という戒めに基づいて発音されることはない。そのため、この神性四文字の正確な読みは失われてしまったが、今日では、一般にヤハウェと発音されるであろうと言われる。このヤハウェは、ハーヤー（היה）という言葉の変化であると言われる。そしてエヒィエー（אהיה）もまたこのハーヤーの変化である。エヒィエーが「わたしはある」という基本形能動態一人称単数未完了形であるのに対しヤハウェは使役形能動態三人称単数未完了形で「彼はあらしめられる」と訳される。つまりエヒィエーは、神自身が自らに対して語る名乗りであり、ヤハウェは人間が神について語る語りの中での神の名であると言える。これについては木田献一『神の名と人間の主体』、教文館、2002年、63頁および94頁を参照のこと。

ヒィ エー」という名は、実際の聖書言語であるヘブル語の文脈では「エヒィ エー アシェル エヒィ エー」となっていて、「**私**は、『わたしは**ある**』というものです」（私訳）と訳せます。もう一つの聖書言語であるギリシア語でいうと「エゴー エイ ミー」となります。この文脈から、キリスト教でいう**神**は、存在の根底であり、すべてのものは、この「わたしは**ある**」（エヒィ エー）によって存在していると解することができます。

「わたし」とは一人称代名詞です。代名詞である以上すべての名詞に置き換え可能な言葉です。だとすればこの「わたし」は、本来は「**ある**」という言葉の背後に隠れて無化されているものです。つまり、この「わたしは**ある**」はこの**世界**に存在するすべての事物、――ハイデッガーが**存在者**と呼んだもの――、その**存在者**が「**ある**」という事実を、「わたしは**ある**」という名の**神**が支えているのです。それはこの「わたしは**ある**」が**存在**それ自体であるということです。だとすれば、この世界にあるすべての事物の根底を支えているのは、この「わたしは**ある**」という名の**神**であるということになります。その意味では、この「エヒィ エー」は、ハイデッガーのいう**存在**にあたると言えるでしょう。

この「エヒィ エー アシェル エヒィ エー」は、「**私**は『**私**はなる』というところのものである」とも訳することができ、「**私**はなろうと思うものになる」と解することもできます。このように理解すると、「**私**はいる」と名乗る神は「**私**はなる」と名乗る神でもあり、あらゆる形で自らを表すことができる「**存在**」であるとも言えます。

このように考えると、「わたしは**ある**」と名乗る**存在**それ自体は、一見すると宗教哲学者、神学者であるヒックがいう宗教多元主義に道を開く神となるように思われます。そこにこそ、大いなる真実があるのです。その真実とは次のようなものです。すなわち、「**私**は、『わたしは**ある**』というものです」と名乗る神は、すべての**存在者**によって自らを語り、自らを表しています。しかしそれは、すべての**存在者**をもってしてもこの「わたしは**ある**」を語りつくすことができないことを意味します。この「わたしは**ある**」は、何にでも成り得るのであり、それゆえに「それが何であるか」を言い表せないからです。だからこそわたしたちは、この「言い表せないもの」を、神という普通名詞で呼ぶしかできないのです。逆説的にいうならば、すべての神と呼ばれる**存在者**の**存在**の根底を「わたしは**ある**」が支えているということでもあります。もっとも、その際「わたしは**ある**」は、その「わたしは」という一人称の代名詞としての主語を無化し、ただ「**ある**」として語りかけます。つまりこの「**ある**」は「わたしは**ある**」という名の**存在**それ自身の自分語りなのです。すべての礼拝されるところの神的存在は、「わたしは**ある**」という名の**神**の垣間見える窓となるのです。

　創世記2章19節には、最初の人アダムが、すべての生き物に名前を付けたという記事があります。この名づけるという行為は、名づけられた存在を、わたしたちの認識内に置き、知性内の存在とする行為です。「わたしは**ある**」という名で呼ばれるものは、もともとわたしたち人間の知性を超越する**存在**それ自体であり「わたしは**ある**」を知性で認識するには限界があります。その限界の中でわたしたちは、この「わたしは**ある**」と名乗る存在を普通名詞の神という名をもって語らざるを得ないのです。

いずれにしても、神性を有する神的存在が信仰の対象となるとき、この「わたしは**ある**」は、この**世界**内にあって、**存在者**の存在の根底を支えているという「**私**は、『わたしは**ある**』というものである」としか語りえないのです。それは、神は唯一であるということの根拠ともなる事柄であり、創造者であることの根拠でもあります。ここに**普遍啓示**への開きがあり、自然神学の意義があります。すなわち、すべての**世界**内の**存在者**は、この「わたしは**ある**」の内にあります。この「わたしは**ある**」は、すべての**存在者**また事象を通して「**ある**」と語り得ます。「わたしは**ある**」は、旧約聖書においてエロヒームであり、新約聖書においてはセオスであり、あらゆる神的超越者の根底に「わたしは**ある**」という名の**存在**があるということができるでしょう。そこに超越者が内在するという神の名の神秘があり、その神秘ゆえに神は謎なのです。

ところでヘッシェルの言う「言い表せないもの」は、たとえ直観されたとしても、その名が何であるかは定かではありません。ただ、この「言い表せないもの」が「**ある**」と直観されるだけです。この直観は、外側からの働きかけによってわたしたちの意識に直接的にひき起こされる感覚です。この働きかけを、わたしたちは**普遍啓示**（**一般啓示**と言われていたものです）と呼びます。この啓示は、宗教学あるいは宗教哲学的な超越の認識に属するものです。それに対して神学は、直観された「**ある**」

の上に建てられた**神**という名詞、すなわち「わたしは**ある**」を**神**と呼び考察することで成り立つ「信仰」という信念体系における知的営みを示します。

通常**普遍啓示**は、**世界**内に存在する事物そのものではありません。**世界**内にある物事を通して、その背後にあって隠れ、わたしたちの霊に直観として提示されるものです。**普遍啓示**では、**神**が**世界**内にある事物を介して神の言葉の響きとして看取され、認識され、探し求められることによって発見されるものだからです。

## 第四節　神の名を呼ぶ人

私が本書草稿を書き上げた時、立教大学院の梅澤弓子教授ゼミでその内容を発表させていただき、ゼミ生の方々と議論する機会がありました。その際、梅澤教授が、木田献一の『神の名と人間の主体』[17]に基づきながら、神の名が「わたしはある」ということに触れ、「わたしたちが、『わたしはある』と神の名を呼び求めるとき、その呼び求める人の『わたしはある』が立ち現れてくるのではない

17前掲書、木田献一『神の名と人間の主体』三章、特に64－65頁を参照。

でしょうか」という趣旨の発言をされ、非常に興味深くまた示唆に富んだ言葉であると、深く心に残りました。そのことについてずっと考えていたので、少し触れてみたいと思います。

神の名乗りである「**私**は『わたしはある』いうものです」という言葉の中心にある単語は、すでに述べましたように「**ある**」という意をもつエ ヒィ エーです。このエ ヒィ エーは、単数・主格・一人称ですから「わたしはある」となります。そのことを踏まえて「**私**は『わたしはある』いうものです」という言葉を考えると、最初の「**私**」は明らかに名乗りを上げている神ご自身を指しています。しかし、その次に来る「わたしはある」というときの「わたし」はいったいだれなのでしょうか。

この「わたしはある」が、神ご自身が自存する存在であることの主張であるならば、それは「私は『**私はある**』」となるでしょう。しかし、この「わたし」が単なる一人称の代名詞としての「わたしはある」であるならば、だれもが、「Aはある」というように、「わたし」の部分に自分の固有名詞を入れることが可能です。そのときまさに「わたしはある」いう言葉には、その言葉を発した人自身の、「わたしはわたしである」という自認が生まれてきます。

この自認する「わたし」は絶対的「わたし」ではありません。それは極めて相対的です。たとえば、ある高校で成績がトップの子がいます。その子の「わたし」は「自分は優秀だ」と自認する「わたし」です。そして周囲もこの子に期待を寄せています。この子が大学受験で東京大学に入学すると周りには優秀な人間が数多くいるのです。そのような中に置かれると「自分は優秀だ」と自認する「わたし」は崩壊し、「自分は普通だ」あるいは、「自分は劣っている」という自認をもって「わたし」を見ることすらあるのです。つまり、通常わたしたちが自覚する「わたし」という自分は、極めて相対的であり、他人の目から見た自分の姿なのです。

そのようなわたしたちが、「**私**は『わたしは**ある**』というものである」と名乗る**神**にむかい、「わたしはある」という名を呼び求める時、周囲に左右されない真の**自己**が現れ出ます。**神**は人間や**世界**を超越する絶対他者だからです。その**神**の前に立つときに、ゆるぎのない真の自己の姿が立ち現れるのです。それは神の目からみた「わたし」であると言えるでしょう。

その立ち現れた真の**自己**としての「わたし」と現実の自分の自我が自認する「わたし」との間には差異があります（**自我**とは、様々な経験を通して、自分が自分自身の意識の中に思い描く自分の姿だからです）。この**自我**と**自己**の姿の違いを乗り越えて真の**自己**になるために生きて行くことが「わたしがわたしになる」という人間のあるべき姿であり、それが「**救い／掬い**」を生きる人間の姿なのではないでしょうか。そういった意味で、**神**が人格関係の中で自らを名乗る時に、アブラハムの神、イサクの神、ヤコブの神、といったと具合に、属格で表される関係性の中で自らを表したことは、極めて的を射た名乗りであったように思われます。**神**が「〇〇の**神**である」と名乗ることで、「わたしは**ある**」である神は、その人との人格的関係の中で、普通名詞の神ではなくその人固有の固有名詞の**神**として、その人自身のかけがえのない**自己**をたち現させ、それに向かって生きる者とするからです。つまり、神が「アブラハムの神である」と言われるとき、そこにかけがえのないアブラハムの真の自己が立ち上がってくるのです。わたしたちが、「わたしはある」と名乗る**神**を信じ、その名を呼び求める意味と意義は、まさにそこにあると言えます。それは、ブーバーのいう「汝と我」の関係に通じるものであると言えます。つまり、**神**は「わたしは**ある**」という名の**神**としてアブラハムの**神**となり、アブラハムはアブラハムで「『わたしは**ある**』というものです」と言われる**神**の名を呼ぶとき、この永遠の汝であるところの**神**の民であり、子とされた真の**自己**との人格的結びつきが立ち上げられるのです。つまり、「わたしは**ある**」という名を媒介として、そこに「汝と我」という根源的関係が立ち上がるのです。

またこの**世界**で生きるわたしたちは、様々な試練や苦しみや悩みを経験します。その経験の中で苦しみ、悩み、悲しみ、傷つき痛む「わたし」が、**神**に向かい「わたしは**ある**」という**神**の名を叫び呼び求めるとき、その叫びはただ**神**の名を呼ぶということに留まらず、ここに苦しみ、悩み、悲しみ、傷つき痛む「わたしがいる」という声にもなります。つまり「わたしはある」という名によって、痛みを通して神と人とが不可分に結びつくのです。そのような「わたしは**ある**」という名前で**神**は自らをエジプトで奴隷として苦しんできたイスラエルの民に現わしたのです。

これらのことを思うとき、**神**が自らの名を「わたしは**ある**」として名乗られたことは、実に深みがあることだと言えます。

# 第二章　キリスト教の本質

宗教の本質が、**宗教経験**に支えられた「儀礼」、「教理」、「教団」といった事柄を通して表出するものだとするならば、キリスト教においては、まず礼拝を考える必要があります。キリスト教には「祈りの法は信仰の法」(ラ:rex《レックス》 orandi《オランディ》, rex《レックス》 credendi《クレデンディ》)という言葉があるからです。キリスト教教理は祈りと礼拝の中から生み出されるものであることを述べたものです。それは個人の祈りの中から生み出されるという以上に、共同体の祈りの中から生み出されるものであり、礼拝という「儀礼」の中からキリスト教教理が生み出されるということでもあります。ワッハの言う通り、礼拝という「儀礼」の中にこそキリスト教を支える根本的な**宗教経験**が現わされていると言えます。

キリスト教教理は、**信条**にその内容が集約的に述べられています。後述しますが、「信条」もまた、礼拝の中から生み出されてきたものです。なぜなら、信条は「祈りの法は信仰の法」の原則に基づくならば、礼拝という「儀礼」の中から生み出されたものだからです。だからこそキリスト教の本質を考える場合、まず礼拝について考える必要があります。礼拝の中にこそ、キリスト教をキリスト教ならしめる**宗教経験**を見出すことができ、教理としての信条を生み出してきたからです。その礼拝と信条が教会の伝統として受け継がれ、目に見える存在として、この世界に教会は存在し、キリスト教の**宗教経験**を表出してきました。本章では、その**礼拝**、**信条**と**教会**について考えてみたいと思います。

## 第一節　礼拝の中で感じる神

キリスト教の「儀礼」の背後にある**宗教経験**に目を向けてみると、代表的儀礼として考えられるものは、礼拝・洗礼・聖餐です。そこには、用語においても内容においても、カトリック、プロテスタント、正教会の間には様々な違いがあります。用語的に言うならば、「礼拝」という言葉は私が属するプロテスタントでの表現であり、カトリックならば「典礼（ラ：missa《ミサ》）」と表現され、正教会においては「奉神礼（ギ：λειτουργία《レイトゥルギア》／「神の民の奉仕」の意）」と表現されます。「聖餐」も正教会では「聖体機密」と言われ、カトリック教会では「聖体拝領」と言われています。

正教会の奉神礼は、準備の奉献礼儀とことばの礼儀と聖体機密の祈りの三部構成になっています。[18] 機密（ギ：μυστήριον《ミステリオン》）とは、密議とか秘めごとのことであり、聖体機密はパンとぶどう酒に与《あずか》る行為によって、その背後に隠された信仰の奥義を外的に表すことだと言えます。

これに対してカトリック教会のミサは、聖職者が入堂する開祭の儀から聖書朗読と説教で構成される言葉の典礼とパンとぶどう酒に与る聖体拝領からなる感謝の典礼、そして閉祭の儀の四層構造になっています。もっとも実質的には、その内容は聖書朗読と説教を中心としたことばの祭儀とパンと

---

18 テモシー・ウェア『正教会入門』、松島雄一訳、新教出版社、2017年、323－326頁を参照。

ぶどう酒に与える祭儀の二部構成であると言えます。[19]

カトリック教会の言葉の典礼は、聖書朗読と説教という言葉を媒介としたもので、人間の知性に働きかけ、神についての認識を司っています。つまり聖書が朗読され説教が語られる中で、わたしたちの知性に**神**という名で理解され認識される**神**概念が構築されていくのです。ここには、聖書を通してわたしたちの知性に働きかける**神の言葉**の働きかけがあります。

もっとも、カトリック教会における礼拝行為では、聖体拝領を中心とした感謝の典礼に重きが置かれています。正教会の奉献礼儀も、聖体機密に用いられるパンとぶどう酒を準備するためのものであります。このことを考えますと、ミサ典礼も奉神礼も宗教儀礼としては同じ二部構成であり、その性質においても同一の性質をもつものであるということができます。私自身、牧師となって以降、カトリック教会のミサに初めて出席した際、衝撃を受け、打ちのめされた経験があります。それは、「敗北」という言葉で表現できるような経験です。というのは、私が経験してきた礼拝には、説教に心が震えるような感動や神の語りかけを聴く経験はありました。しかしながら礼拝それ自体の中で「神がおわしませる」という神の臨在や心が震えるような礼拝経験を感じたことがなかったからです――そこに神がおわしませる。このとき「神がおわしませる」という言葉で、「**ある**／**いる**」という存在を認識しているのは、私がキリスト者だからです。またキリスト者でなくても、礼拝それ自体の中に、実在し現臨する存在が**ある**という感覚は感知できます。聖体を中心として組み立てられるカトリック教会のミサの中心にそれがあったのです。この感覚が何か。キリスト教的視点から以下で考察してみたいと思います。

このカトリックと同様の性質をもつ儀礼における正教会の聖体機密やミサ典礼における感謝の典礼の御聖体は、パンとぶどう酒という物素（物質）を媒介とする儀礼です。両者では、パンとぶどう酒という物素は、御聖体すなわちイエス・キリストの肉であり血です。もちろん御聖体といっても、そこにあるのはパンとぶどう酒です。しかし、パンとぶどう酒の外形をとっていますが、その本質はイエス・キリストの肉と血なのです。そのキリストの肉と血であるパンとぶどう酒をいただくことで、イエス・キリストによる最後の晩餐と十字架の死という神の業《わざ》が想起されるのです。

この想起はそれだけで終わるものではありません。想起と同時に、その本質においてイエス・キリストの肉であり血であるパンとぶどう酒に、イエス・キリストの肉と血が実体としてそこに「**ある**」のです。そのパンとぶどう酒を食するたびにイエス・キリストの十字架の死という犠牲がささげられる行為が繰り返しそこで起こっていることが看取されるのです。聖体機密やミサ典礼、聖餐（以下この三つをまとめて**聖餐**と呼ぶ）は、イエス・キリストによる救済の業《わざ》を繰り返し想起させるものです。

それは、私たちがキリストとつなぎ合わされ、一つにされている**宗教経験**が繰り返し追体験され確認される場となります。また神の国がこの世界に教会として突入した「しるし」にもなります。なぜ

---

19 前掲書、テモシー・ウェア『正教会入門』、326頁を見よ。

なら、教会は「キリストの体」であり、[20] イエス・キリストは、その「キリストの体」なる教会の頭だからです。[21] イエスは、まさにキリスト（油注がれた王）であり、神の御子の受肉は、「この世」における神の王国の王の到来であって、福音とは「この世」にイエス・キリストを王とする神の王国が到来したことを告げ知らせるものなのです。[22] それゆえに**聖餐**のパンとぶどう酒を食するということは、わたしたちに最後の晩餐の出来事を想起させ、「キリストの体」なる教会に参入した者であることの「しるし」でもあるのです。

このような、イエス・キリストの救いの想起と最後の晩餐への参与は、教会が設立されたときからパン裂きとして行われていました。聖書は、もっとも原初の教会の状況を、使徒言行録2章42節において「そして、一同はひたすら、使徒たちの教えを守り、交わりをなし、パンを裂き、祈りをしていた」と述べています。また、おなじく使徒言行録20章7節にも、「週の初めの日、わたしたちがパンを裂くために集まっていると、パウロは翌日出発する予定で人々に話をしたが、その話は夜中まで続いた」と記されています。

この使徒言行録の記述は、「週の初めの日」にとあるように、「パン裂き」が安息日とは別の関連性の中で行われていたことと理解されます。安息日はユダヤ人の暦においては、「週の終わりの日」だからです。[23] だとすれば「パン裂き」こそが、キリスト教の礼拝の独自性を顕すものであると言えます。

それは「パン裂き」が**聖餐**に繋がって行き、その歴史的展開の中で、ただたんにイエス・キリストとイエス・キリストの救済の業《わざ》を想起させるだけでなく、そこにキリストの現臨を見てきたからです。つまり**聖餐**は、それに与る者をイエス・キリストの最後の晩餐に参与させるものであると同時に、キリストの体そのものに与らせるものなのです。

この**聖餐**のパンとぶどう酒におけるキリストの現臨を客観的に観察することはできません。ですか

---

20エフェソ一23を参照。そこには「教会はキリストの体であり、すべてにおいてすべてを満たしている方が満ちておられるところです」とある。

21コロサイ一18を参照。そこには「また、御子はその体である教会の頭です。御子は初めの者、死者の中から最初に生まれた方です。それは、ご自身がすべてにおいて第一の者となるためです」とある。

22マルコ一15を参照。そこには「『時は満ち、神の国は近づいた。悔い改めて、福音を信じなさい』と言われた」とあり、神の国の到来を高らかに告げるイエス・キリストの言葉がある。また東方教会の伝統にあるシュメーマンは、その著書『ユーカリスト――神の国のサクラメント』(松島雄一訳、新教出版社、2008年)の第2章で、ユーカリストを中心とする奉神礼(礼拝)全体を神の国の始りとその成就に向かっての教会の統合と運動に結びつける。そしてその運動は「旅」「上昇」「入城」として比喩的に証言されるが、その目的地は神の国の完成である。もっとも、西方教会の伝統は、シュメーマンが提示する東方教会の伝統に見られるような奉神礼、とりわけユーカリストである聖体拝領を神の国到来と成就への期待とに結びつける理解は薄い。これは、ユーカリストを罪の赦しの儀礼として受け止めているからであろうと考えられる。

23当時のユダヤ人の一日は、夕方から始まり、夜を超えて翌日の夕方までである。したがって安息日は金曜日の午後から翌土曜日の午後までとなり、ここで言われる「週の初めの日」とは、現在で言うならば土曜日の夜から日曜日の夕方までということになる。

ら具体的事実をもって論証することもできません。むしろそれは、人間の意識に直接参入してくる直観によって看取されるべきものであって、人間の知性の働きによって認識されるものではないのです。キリストの「ここにおわします」は、儀礼全体の流れの中で、すなわち会堂や賛美や祈り、司祭の所作などに支えられながら直観されるものなのであって、**聖餐**は、人間の五感で観察し得ない**神**の存在と救済の業を、人間の意識に直接参入することによって知らせる神自身の語りなのです。

既に述べたように「**ある**」という直観は、厳密に言うならば主語を持ちません。ただ何ものかが「**ある**」と感じる感覚です。したがって、**聖餐**を通して直観される臨在は、何ものかがそこに「**ある**」というものであり、それが「何ものか」であるかはさだかではありません。それがキリストであり、「イエス・キリストの血であり肉である」という認識に至るのは、そこに教会で受け継がれてきた教えの言葉が介在しているからです。わたしたちの認識や思想は言葉に依存しているのです。

もっとも、目の前に現存するパンとぶどう酒は、五感で観察し知性が認識する限りにおいてはパンでありぶどう酒です。その認識を超えて、「このパンとぶどう酒がイエス・キリストの肉であり血である」と認識させる教会の言説は、人間の理解を超えた言葉だと言えます。それは、人間の知性を超えた叡知をもつ**神**から教会に伝えられ、そして伝統として受け継がれてきたのです。

それゆえに、パンとぶどう酒といった物素は、まず「ここに何ものかがおわしまする」という神性の直観を喚起させせます。その存在がイエス・キリストであるという認識、あるいは「このパンとぶどう酒がキリストの肉と血である」という認識は、教会の礼拝の歴史を通して受け継がれてきた言葉を聞くことなしには起こり得ません。つまり、教会における神学と宣教の言葉なしには、聖餐の物素を通して立ち現れる**神性**が「イエス・キリストはいる」という認識に至ることはなく、教会の歴史の中で営まれてきた神学の言葉なしには、そのキリストが神であるという概念は、人の内には形成されないのです。

とは言え、正教会またカトリック教会においても、礼拝の中心はパンとぶどう酒を食する聖体機密や感謝の典礼に置かれています。つまり、そこに「**神**がおられる」という**存在**への直観があり、その直観が「ここにキリストがいる」、「キリストは**神**である」という教会の教えによって神の臨在が認識され、実体験されているのです。だからこそ、正教会やカトリック教会は、パンとぶどう酒という**存在者**を通して、「**ある**」という**存在**そのものである**神**の語りを聞き、それによって引き起こされる**神**の臨在の意識に重きが置かれるのです。[24] そこから、キリストの業としての最後の晩餐が想起されます。このように、正教会およびカトリック教会の礼拝における言葉の礼儀および言葉の典礼は、聖体機密や感謝の典礼における直観に従属しそれを支えています。こうして、言葉がその直観を支え、わたしたちを「ここに神がおられる」という**宗教経験**へと導くのです。ですから、正教会においてもカト

24 考えてみると、聖餐のパンとぶどう酒の聖変化は、物素に神が内在し存在するということであり、そこに神の臨在があるということである。それは、神の臨在という点においては、ルターの主張する共在説に類似する。

リック教会においても（聖公会やルター派も）、**聖餐**なしの礼拝は成り立ちません。

ところが、プロテスタントの場合、礼拝形式が極めて多様であり、必ずしも聖餐なしの礼拝が成り立たないとは言い切れません。聖公会やルター派の教会のようにカトリック教会に極めて近い聖餐を中心とした典礼的な礼拝[25]が行われている一方で、稀ではありますが定まった礼拝形式を持たず、聖餐がまったく行われないという教会もあります。

しかし、多くのプロテスタント教会では、説教に重きが置かれていて、相対的に聖餐に対する比重が軽くなっています。また、定型文によって礼拝が進行していく典礼的な教会であっても聖公会以外の教会においては、[26]聖餐がなされていても聖餐の物素そのものよりも、それに伴う聖書の言葉に重きが置かれています。[27]そういった意味では、プロテスタント教会の礼拝は、五感による認識を超えた「**ある**」という神の語りかけを直観するという霊性によって感じるという部分は削ぎ落とされ、聖書を中心とした「**神**かく語れり」という説教の言葉を媒介にした知性による神認識に焦点が当てられていると言えるでしょう。[28]ですから、プロテスタントの教会の多くは、聖餐がなくても説教のみで礼拝が成り立っているのです。

このように、プロテスタント教会の多くが、説教を中心とし、「神かく語れり」という説教の言葉を媒介として礼拝を構築するとき、そこには、「理解できる」、あるいは「納得できる」ということに重きが置かれます。それは、知性によって礼拝が成り立っているからだといえるでしょう。当然のことして、そこでは「言葉」を問題にし、「言葉」に着目せざるをえません。[29] なぜならば、説教の「言葉」は説教者の内側に湧き上がって来た言葉であり、説教者が知性によって考え理解した「言葉」に

しかしルターの場合、神の臨在は物素の外において共にあるのであって、物素と神の臨在との区別を明確にした。しかし、パンとぶどう酒に神の臨在があるという点では、正教会やカトリック教会と実質的大差はない。このような神の臨在という視点は、正教会のイコンについても言えることであり、形而下の形ある物を通して、「神がここにおわしませる」ということが表わされるというヒエロファニーの構造は同じである。

25 リタージカルな礼拝とは、礼拝の順序と言葉があらかじめ定まっており、祈りの言葉も定式化されて文章化され、それに従って式が進行していく形の礼拝。

26 聖公会においては、高教会派（カトリック的グループ）と低教会派（主にカルヴァン派）に分かれる。高教会派の礼拝は厳格なリタージカルな礼拝が行われ、聖餐のパンとぶどう酒に対する理解もカトリック教会に準じ、聖餐のパンとぶどう酒そのものがイエス・キリストの体であり血であると受け止める。

27 聖公会と同様にリタージカルな礼拝を行うルター派の礼拝においても言える。聖公会の高教会派においては、実質的な認識は別として、少なくとも神学的認識においては、聖餐のパンとぶどう酒はキリストの肉と血に聖変化する。しかし、ルター派の教会では、これまでも述べてきたように聖変化は認めない。

28 聴覚のみに焦点をあてる礼拝は、物素としてのパンとぶどう酒を食するという味覚や触覚を用い、また香りによる嗅覚を用い、聖画や聖像といったものが置かれることで視覚を用いるといった人間の感覚全体を用いる礼拝と比較すると、明らかに人間存在の全体性という面で欠けが生じていると言わざるを得ない。

29 もちろんカトリック教会においても、言葉の典礼においては説教がなされている。それゆえに説教に伴う言葉の問題はカトリック教会においても問われる問題であろう。

よって構築されているからです。ここには説教の言葉と、**神の言葉**としての聖書との関係に問題があります。これは**特殊啓示**に関わることなので、ひとまず本書では取り扱わず、出版準備中の書で触れることとします。

いずれにせよ、正教会、カトリック、プロテスタントにしろ、キリスト者はそこにある礼拝という儀礼を通してイエス・キリストという**存在者**を経験し、その救済の業を共有するのです。[30]

## 第二節　プロテスタントの聖餐にパンとぶどう酒は必要か
### ――聖餐における象徴と実在

プロテスタントの教会における礼拝と啓示の関係を考えるとき、主題としなければならないのは聖書朗読と説教と聖餐です。この中で聖書朗読と説教は**特殊啓示**に関わるものですので本書では扱わず、ここでは**普遍啓示**に関わる聖餐についてのみ考えていきます。

聖餐は、プロテスタントの教会にとってはのどに刺さった骨のようなものです。小さなものなのですが気になって仕方がないものであり、そこには非常に難しい問題をはらんでいます。というのも、宗教改革期の1529年に、カトリック教会に対抗するために宗教改革者たちを一つにまとめ上げようとしてマールブルグで会談が行われた際に、この聖餐に対する考え方が一致の障害となったからです。この会談には、ルター派からはルターやメランヒトン、改革派側からはツヴィングリやエコランパディウス、ブツァーといった宗教改革初期のそうそうたるメンバーが集まりました。しかし、聖餐の物素すなわちパンとぶどう酒にイエス・キリストの臨在があるか否かによって意見が分かれてしまったのです。結果、聖餐以外の事柄については一致することができたのですが、ただ一つ聖餐におけるイエス・キリストの臨在の問題だけは一致できず、結局会談は決裂するのです。そこでこの宗教改革者たちの間を決裂させた聖餐におけるイエス・キリストの現臨の問題について考えてみましょう。

一般に聖餐の起原は、イエス・キリストと弟子たちとによってもたれた最期の晩餐（マタイ二六22－29等参照）にあると言われます。それは、プロテスタントの教会で聖餐の制定語として広く用いられているIコリントの信徒への手紙11章23－29節にある次の言葉が聖餐の制定語とされていることからも明らかなことでしょう。

23 私があなたがたに伝えたことは、私自身、主から受けたものです。すなわち、主イエスは、引

30 このような礼拝に対する分析は、神学的視点からなされたものではない。それはあくまでも社会学的視点に立って分析したものである。

き渡される夜、パンを取り、24 感謝の祈りを献げてそれを裂き、言われました。「これは、あな
たがたのための私の体である。私の記念としてこのように行いなさい。」25 食事の後、杯も同じ
ようにして言われました。「この杯は、私の血による新しい契約である。飲む度に、私の記念と
してこれを行いなさい。」26 だから、あなたがたは、このパンを食べ、この杯を飲む度に、主が
来られるときまで、主の死を告げ知らせるのです。27 従って、ふさわしくないしかたで、主のパ
ンを食べ、主の杯を飲む者は、主の体と血に対して罪を犯すことになります。28 人は自分を吟味
したうえで、そのパンを食べ、その杯から飲むべきです。29 主の体をわきまえないで食べて飲む
者は、自分に対する裁きを食べて飲むことになるのです。

この聖書の言葉は、パウロの時代すなわち教会の始まりのときから教会に伝えられ、主の聖餐が守られてきました。パウロが言うように、この言葉の核にあるのは、イエス・キリストの言葉です。最後の晩餐でイエス・キリストが指し示したのは、十字架の出来事です。それゆえに、聖餐もまたイエス・キリストの十字架の死を指し示すものであると考えられてきました。ただ、聖書が言葉をもってその十字架の死を伝えたのに対し、聖餐は、それを儀礼としてクリスチャンに参加させ、追体験させることによって伝えるので、そこには一種のドラマ（演技）があるといえるでしょう。聖餐は、キリスト者を最後の晩餐を演じるドラマに参加させ、目や耳や舌といった五感を動員して**神の言葉**を

体感させるのです。それゆえ聖餐は、体で感じる**神の言葉**であると同時に、聖餐はわたしたちにイエス・キリストの十字架の死を伝える啓示の場であると言えます。

イエス・キリストの十字架の死を想起させ、記念とする場としての聖餐の機能は否定されるものではないでしょう。また、想起と記念というだけであるならば、言葉だけでも十分に伝わります。事実、聖餐の制定の言葉があって初めて、パンを食べぶどう酒を飲むという行為がイエス・キリストの十字架の死に結び付けられて認識されるのです。つまり、聖餐における想起と記念という機能は、言葉に依存しているということです。だとすれば、聖餐の制定の言葉が、聖餐のパンとぶどう酒に比喩的、象徴的意味を与えるということになります。実際、聖餐において行なわれている行為自体は、ただパンを食べ、ぶどう酒を飲むという行為に過ぎません。パンとぶどう酒それ自体に特別な意味がない限り、その行為を見ただけ、参加しただけでは、**神の言葉**としての聖餐の意味は十分に伝わりません。だからこそ、聖餐を聖餐ならしめる制定の言葉が重要なのだといえます。

しかしこのことは、極論すれば、聖餐のパンとぶどう酒には意味がなく、制定の言葉に聖餐の意味と意義があるのであって、この言葉が指し示す意味が正しく認識され、受容されるならば、聖餐は成り立つことになります。だとすれば聖餐のパンとぶどう酒は、単なる象徴的な「しるし」であって、それ自体には意味がないということになります。しかし本当に意味がないのでしょうか。

**聖餐**は、歴史的に教会の礼拝の中心におかれた儀礼でした。礼拝の歴史において、**聖餐**のパンとぶどう酒は象徴でもあり実在でもありました。ウィリアム・クロケットは「象徴はそれが表すものの中に参与するのである。そのためそれはほとんどそれがあらわすものであると言えるのである」[31]と言い、次のように語ります。

古代の思考は、現代の一般的な考えがするような仕方では象徴と実在とを区別しなかったのである。古代においては、象徴が表すものの存在、そしてその実在への参与を媒介するものである。近代社会が象徴と実在との区別をより認識している一方、古代社会は、それらの同一性に、より意識をはらっていたのである。しかしながら、古代教会においては象徴と実在との間に精密な同一性はないのである。もしこれが本当なら、象徴に対する何の必要性もなかったであろう。古代社会が彼らを取り巻く神秘的実在に参与したのはまさに象徴を通してであった。[32]

確かに、象徴と象徴されるものは精密な意味で同じものではありません。その意味において、象徴は記念における「しるし」です。しかしクロケットは、古代人にとって象徴は、「しるし」であると同時に、その象徴と共に神秘の世界が「実在」して「ある／いる」という二重性があるというのです。このことは、次のことを意味しています。つまり、**聖餐**のパンとぶどう酒は象徴として「しるし」であると同時に、そこにイエス・キリストの現臨があるということです。それは、**聖餐**のパンとぶどう酒という物素に神の子としての「ある／いる」が立ち現れているということでもあります。それは、もはや人間の言葉では言い表せない実在するキリストと、「今、ここで」一つに結ばれているという**宗教経験**です。教会は、歴史を通して、その**宗教経験**を聖餐を通して表してきたのです。そして、その聖餐のパンとぶどう酒を食する行為を通して、わたしたちはそこに立ち現れたイエス・キリストと一つになるという神秘に参入するのです。そのことが、新約聖書のヨハネによる福音書6章53－58節にあるイエス・キリストの言葉として次のように言い表されています。

[53] イエスは言われた。「よくよく言っておく。人の子の肉を食べ、その血を飲まなければ、あなたがたの内に命はない。[54] 私の肉を食べ、私の血を飲む者は、永遠の命を得、私はその人を終わりの日に復活させる。[55] 私の肉はまことの食べ物、私の血はまことの飲み物だからである。[56] 私の肉を食べ、私の血を飲む者は、私の内にとどまり、私もまたその人の内にとどまる。[57] 生ける父が私をお遣わしになり、私が父によって生きるように、私を食べる者も私によって生きる。[58] これは天から降って来たパンである。先祖たちが食べたが死んでしまったようなものではない。このパンを食べる者は永遠に生きる。」

---

31 W・クロケット『ユーカリスト――新たな創造』竹内健太郎監修、後藤勉訳、聖公会出版、2014年、115頁。
32 前掲書、クロケット『ユーカリスト』115－116頁。

この言葉は、ヨハネによる福音書における五千人の給食の奇跡に対する聖餐論的解釈が述べられている箇所であると考えられます。この言葉を見ればわかるようにヨハネは、**聖餐**を永遠の命と結び付けて考えているのです。それは、イエス・キリストの十字架の死が、わたしたちに神の命を与えるものだということでもあります。この聖書の箇所が、**聖餐**に結び付けて語られているとするならば、信仰は、ただ神を信じる者となるというだけで終わるのではなく、**聖餐**に与る者となることでもあると言えるでしょう。それほど、**聖餐**は教会にとって重要なことなのです。またたからこそ、プロテスタントの教会においても聖餐のパンとぶどう酒はなくてはならない必要なものなのです。

**聖餐**は、過去のイエス・キリストとわたしたちを結び付けるものではありません。まさに「今、ここで」、**聖餐**の場に現臨し実在するイエス・キリストにわたしたちを結び付けるものです。

聖餐がたんに記念の行為であるならば、現在を過去化することになります。しかし聖餐は過去の出来事を「今、ここで」の「わたし」にくり返し起こる出来事として現在化するのです。目に見えぬイエス・キリストの神の御子としての**神性**が聖餐のパンとぶどう酒に立ち現れることは、知覚できることではありません。まず直観として「聖なるもの」が「おわしませる」ことを感じ取られることです。その直観が**聖餐**の制定の言葉によって、イエス・キリストがここにおわしませるという認識になるのです。聖餐の制定語と結びつくパンとぶどう酒を食する行為が、わたしたちキリスト者がイエス・キリストと一つに結び合わされるという「合一」を経験させ、イエス・キリストの内にわたしたちがあり、わたしたちの内にイエス・キリストがあるという神秘の世界に入れられるのです。聖餐は、そのことを感覚のすべてを通して感じ取らせる神の啓示を経験する場となるのです。だからこそ、プロテスタントの教会においては、聖餐はたんなる記念ではなく、絶対的に必要なものなのです。

## 第三節　信条と宗教経験

キリスト教の根底に流れる**宗教経験**は、その教理として言葉化されて語り伝えられてきました。その教理は、「信仰の法は祈りの法」[33]の原則に基づいて礼拝の中から生まれて来たもので、ニカイア信条またカルケドン信条に現れ出ています。

キリスト教の歴史において、諸教会は数々の信条や信仰告白を生み出してきました。代表的なものとしては「使徒信条」、「アウグスブルグ信仰告白」、「ハイデルベルグ信仰告白」等があげられます。その多くは、神学的対立の中から生まれてきた教派神学のもとでなされた信仰告白であり信条です。

33 本書第三章第一節を参照。

それらは、キリスト教全体を包み込む教理を指し示すものではありません。キリスト教全体の枠組みを決めるような教理を告白する信条は、ニカイア信条とカルケドン信条が考えられます。この二つの信条は、カトリック、プロテスタント、正教会のいずれの宗派においても受け入れられ告白されている共通の信仰告白です。

一般的に、西方教会の伝統にあるカトリック、プロテスタントの諸教会は、「使徒信条」をそれぞれ個々の教派、教会を超えた信条として受け入れていますが、東方教会の伝統にある正教会においては、教会の信条として受け入れられていません。したがってわたしたちは、今ここでは、キリスト教の本質について考え、それを明らかにしようとしているのですから、取り上げるべき信条はカトリック、プロテスタント、正教会の三つの流れが共通して受け入れているニカイア信条であり、カルケドン信条になります。この二つの信条が指し示す**宗教経験**が何かについて考えてみたいと思います。

ではまずニカイア信条ですが、ニカイア信条（後述参照。ニカイア・コンスタンティノポリス信条をさす）は、次のように書かれています。

我らは、全能の父なる唯一の**神**、天と地、すべて見えるものと見えざるものとの創造者を信ずる。また、我らは、唯一の主イエス・キリスト、あらゆる代のさきに御父より生まれたまえる、**神**の生みたまえる獨りの御子、光より出でたる光、眞の**神**より出でたる眞の**神**、生まれ給いて造られず、御父と同質（ギ：ὁμοούσιος《ホモウーシオス》）なる御方を信ずる。萬物は、主によりて成り、主は我ら人間のため、天よりくだり、聖靈と處女マリヤとによつて肉をとつて人となり、ポンテオ・ピラトの時、我らのために十字架につけられ、苦しみを受け、葬られ、聖書に應じて三日目に甦えり、天に昇り、御父の右に坐し、生きている者と死んでいる者とを審くために再び來り給うのである。その御國は終ることがないのである。また、我らは、聖靈、主となり活かし、御父と御子とより出で、御父と御子とともに禮拜せられ崇められ預言者らを通して語り給う御方《かた》を信ずる。我らは一つであつて聖き公同なる使徒的教會を信ずる。我らは罪の赦しのための一つなる洗禮に同意を告白する。我らは、死人の甦えりと來るべき代の生命とを待ち望むのである。[34]

ここで告白されていることは、**神**は唯一であると同時に、子もまた**神**であり、かつ聖霊も礼拝されるべき存在であり主であるということです。ここには、三位一体[35]の**神**という教理が言い表されていて、

34 基督教古典双書刊行委員会編『信条集 前篇（オンデマンド版）』新教出版社、2004年、6頁（初版は1955年）。ニカイア・コンスタンティノポリス信条はギリシア語によるものとラテン語によるものがある。『信条集 前篇』はラテン語訳文によるものである。というのも「御父と御子より出で」、（ラ：Filioque《フィリオクエ》）となっているからである。この「御父と御子とにより出で」という言葉は、ギリシア語本文では「父から出で」となっており、ラテン語によるものは、後にカトリック教会によって独自におこなわれたトレド公会議（589年）において変更されたものである。この違いは、聖霊の発出を巡る東方教会の伝統と西方教会の伝統とを分ける論点となっている。

ニカイア信条に反対するイエス・キリストの神性を否定するアレイオス派の人々や、聖霊の神性を否定するマケドニウス派の人々が意識されています。

ところでニカイア信条は、厳密には381年のコンスタンティノポリス公会議で宣言されたニカイア・コンスタンティノポリス信条のことを指しています。このニカイア・コンスタンティノポリス信条に先立って325年のニカイア公会議で宣言された信条があり、この信条を「原ニカイア信条」と呼び、ニカイア・コンスタンティノポリス信条を「ニカイア信条」と呼んでいます。「原ニカイア信条」の精神と内容を発展させたものだと考えられます。[36] 原ニカイア信条は次の通りです。

我らは、唯一の全能の父なる神、すべての見える者と見えざるものの創造者を信ずる。また我らは、主イエス・キリスト、神の御子、神よりただ獨り生まれたるもの、神より出たる神、光より出たる光、眞の神より出たる眞の神、造られず、聖父と同質なる御方を信ずる。その主によつて、萬物、すなわち天にあるもの地にあるものは成り、また主は、我ら人間のため、我らの救いのために降り、肉をとり、人となり、苦しみ、三日目に甦り、天に昇り、生きている者と死んでいる者とを審くために再び來り給うのである。我らは聖靈を信ずる。主の在し給わなかつた時があるといい、生れ給う前には主は在し給わなかつたといつている者ら、または、異なつた存在または本質からでたもの（被造物）といい、變質し異質となり得る御方であると語る者を、公同かつ使徒的なる教會は呪うものである。[37]

この原ニカイア信条の存在を踏まえた上で、本書においては、ニカイア・コンスタンティノポリス信条を一般的な例に従って総称的な意味でニカイア信条と称します。

ニカイア信条の背後には、先にも記したようにアレイオス派との論争があり、その主たる論点は一般にイオタ（ギ：ι）論争として知られています。アレイオス派は、神とイエス・キリストとはホモイウーシオス（ギ：ὁμοιούσιος／類似）であると主張し、イエス・キリストと神とはホモウーシオス（ギ：ὁμοούσιος《ホモウーシオス》／同質）であるという主張がぶつかり合ったものだからです。ホモイウーシオスとホモウーシオスの間にはギリシア文字のイオタ（ι）の一文字があるかないかの違いしかありません。しかしイオタがあるとないとでは大きな違いがあるのです。

35 三位一体という言葉は2世紀中頃から3世紀初頭に生きたテリトゥリアヌスによるものとされる。ニカイア会議は３２５年である。だとすれば、この二つの年代を考えると、三位一体の神という理解は、既にニカイア会議以前に何らかの形で原始教会において神学的に主題化されていたことになる。

36 ニカイア・コンスタンティノポリス信条の成立には諸説があり、コンスタンティノポリス会議において宣言されたものではないという見方もある。詳しくは関川泰寛『ニカイア信条講解――キリスト教の精髄』、教文館、１９９５年、66―70頁を参照。

37 前掲書『信条集』、５頁。

このイオタ論争において、アレイオス派は、**神**とイエス・キリストはホモイウーシオス（類似）であり、イエス・キリストは天地の創造に先駆けて**神**によって無から生み出された最初の被造物であると言います。そして、イエス・キリストが先在しなかった「時」があると主張するのです。それによってイエス・キリストは、**神**よりも劣るものであって真の**神**ではない（キリスト従属説）と主張しました。[38] これに真っ向から否を突きつけ、イエス・キリストの**神性**を明確にしたのがニカイア信条です。そのニカイア信条の立場を代表する人物がアレクサンドリアのアタナシオス（Athanasius, 298 - 373）であり、カッパドキアの三教父と言われるニュッサのグレゴリオス（Grēgorios, ca. 335 - ca. 395）、ナジアンゾスのグレゴリオス（Nazianzos, Grēgorios, 325/330 - 389）、ヴァシレイオス（Basilius Caesariensis, ca. 330 - 379）です。

彼らが主張したのは、イエス・キリストは**神**とは同質であり、イエス・キリストは真の**神**であって、**神**から生まれ出たものではあるが被造物ではないということです。その主張は、ニカイア信条のイエス・キリストに対して「あらゆる代のさきに御父より生まれたまえる、**神**の獨り子、光よりでたる光、眞の**神**より出たる眞の**神**、生まれ給いて造られず、父と同質な御方を信ずる」という言葉となってことごとく言い表わされています。

また、ニカイア信条は、原ニカイア信条に対して聖霊に関する記述に付加がなされています。これはニカイア会議以降に、マケドニウス派の人々が聖霊の**神性**を否定したことによります。このマケドニウス派の人々に対して、ニカイア信条は、聖霊もまた神であると宣言します。こうして、ニカイア会議は、三位一体論の基礎となる、唯一の父なる神と共に、子なる神イエス・キリストと聖霊なる神を告白しますが、ここには三つにして一つの神という神の神秘があります。

では、451年のカルケドン公会議において宣言されたカルケドン信条はいかなるものでしょうか。カルケドン信条は次のように述べます。

この故に、我らは、聖なる教父らに倣い、凡ての者が聲を一つにして、唯一人のこの御子我らの主イエス・キリストの、實に完全に神性をとり完全に人性をとり給うことを、告白するように充分に教えるものである。主は、眞に神であり眞に人であり給い、人間の魂と肉をとり、神性によれば御父と同質、人性によれば主は我らと同質、罪をほかにしてすべてにおいて我らと等しくあり給い、神性によれば代々の前に聖父より生まれ、人性によれば、この終わりの時代には、主は我らの救いのために、神の母である処女マリヤより生まれ給うた。この唯一のキリスト、御子、主、獨子は、二つの性より、(二つの性において) まざることなく、離すこともできぬ御方として

---

38 関川泰寛『アタナシオスの神学の研究』、教文館、2006年、474頁—513頁までを参照。特に506頁から513頁のアレイオス派の主張を文献ごとに整理し一覧表にして提示した表は、アレイオス派の主張を鳥瞰するために有益である。

認められなければならないのである。合一によって兩性の區別が取除かれるのではなく、唯一人の御子、獨子、言なる**神**、主イエス・キリストである。これは、はじめから、預言者らまた主イエス・キリストご自身が懇ろに教え、教父らの信條が我らに傳えた通りである。[39]

一読すればわかりますが、カルケドン信条は、ニカイア信条のイエス・キリストの**神性**を土台とし、イエス・キリストという存在が完全な**神性**と人性を有しつつも、その二つが「混合せず、かつ分離せず」といった二性一体の神人両性論を主張しています。これは、カルケドン会議はイエス・キリストが**神**であるとニカイア信条が宣言したことによって生じたイエス・キリストの人性と**神性**との関係をめぐる論争に解決を与えるものであり、その背後には、イエス・キリストの人性を否定し、イエス・キリストの**神性**のみを認める単性論に立つエウテュケス派の人々等の主張[40]があります。

ニカイア信条によって、父、子、聖霊からなる三位一体の**神**という教理が形成され、カルケドン信条において神人両性論が成立し、これによって宗教としてのキリスト教の教理的外枠が定まりました。ここには、イエス・キリストを**神**として認識する**宗教経験**があり、聖霊を**神**として認識させる**宗教経験**があります。

それに対して、アレイオス派の人々は、一つである存在は同質の他者を排除するという認識に立ち、人間の知性において理解可能な主張において、「キリストが**神**であり、聖霊もまた**神**である」ということを批判しています。それは結果としてイエス・キリストの神人両性に対する否定にも通じます。そこにある論理は、イエス・キリストが人であるならば「人は人であって人以外の何ものでもない」というものです（イエス・キリストの**神性**の否定、イエス・キリストは特別な存在であるが、**神**ではなく被造物の一つと考えるのです）。

逆にエウティケスは、同じ論理的認識を用いて、イエス・キリストが**神**であるならば、「神は神であって、神以外の何ものでもない」という人間の知性で理解することのできる論理によって、イエス・キリストの人性を否定します。アレイオスや、エウティケスのイエス・キリストに対する認識は、知性によって理解されうる言葉によって生み出されたものです。だからこそ、人々の知性がその主張に同調し受け入れられ、アレイオス派と呼ばれる人々を生み出し、同様にエウティケス派と呼ばれる人々を生み出すのです。このとき**神**とイエス・キリストは、人間が理解することができる範囲に矮小化されて理解され得る存在となってしまっています。

言うまでもありませんが、キリスト教はユダヤ教を母体とし、旧約聖書を土台としています。ユダ

39 前出、『信条集』、7頁。
40 厳密に言うならば、エウテュケスおよびエウテュケス派の人々は、イエス・キリストの人性をまったく否定しているのではない。しかし、キリストの人性は大海に注がれた一滴のごとくにその神性に吸収されているとして、結果として単性論としてとらえられるものである。

ヤ教の世界観の中にある旧約聖書では、**神**は唯一の**神**です。したがって、一神教の神観の下での**神**以外に、**神**を父とする独り子の**神**としてイエス・キリストが**神**であるとか、聖霊が**神**であるという言葉には、合理性もなく、人間の知性が理解し承認できる事柄ではありません。それは、人間の知性を超えた神秘なのです。つまり、イエス・キリストが「眞の**神**より出でたる眞の**神**」であるということ、さらに聖霊は「御父と御子とより出で、御父と御子とともに礼拝せられ崇められ預言者らを通して語り給うお方」であることは、人間の知性によって考え、理解された認識ではありません。それは、わたしたち人間の知性を超えた神秘を直観する経験によって引き起こされる**宗教経験**であり、**宗教経験**によって承認せられた信仰の事実である、と言うことができるでしょう。

このことは、カルケドン信条における「實に完全に神性をとり完全に人性をとり給う」ということにおいても同じです。わが国においては、菅原道真や徳川家康など、特別な人間が神としてまつられ崇められる事象をみることがあります。また、ローマ帝国などの皇帝礼拝も同じです。これは人が神へと引きあげられる現象で、キリスト教は断固としてそれを拒否してきました。

カルケドン信条の「實に完全に神性をとり完全に人性をとり給う」は、**神**が人となることであって、神へ引きあげられることではなく、むしろ**神**の人への下降です。カルケドン的神人両性論は、イエス・キリストにおいて、「二つの性より、（二つの性において）まざることなく、離すこともできぬ御方として認められなければならない」のです。このような認識は、人間の知性では理解できない事柄に対する認識であり、人間の知性で理解可能な言葉では語りえない認識です。

　こうして見て行くと、キリスト教をキリスト教ならしめるニカイア信条・カルケドン信条が伝えるキリスト教の根本教理を形成している中心には、イエス・キリストという存在をたんに人として経験するだけではなく、礼拝すべき**神**である存在として経験した人間の知性を超えた**宗教経験**があると言えるでしょう。そこには、礼拝という場における信仰が教理を生み出していく「信仰の法は、祈りの法」の原則が機能しています。このイエスを**神**として認識させる言葉の中心には、人間の知性を超えた神からの迫りとしての言葉ならざる**神の言葉**、すなわち**存在**それ自体の叫びである「ある／いる」という言葉による**宗教経験**があります。それは、神の自分語り、すなわち啓示によるものなのです。

## 第四節　器としての教会

　教会は「儀礼」としての礼拝と、信条に表された教理をもって、その**宗教経験**を現し、それを通してキリスト教の宗教性を維持してきました。その中心には**神**の自分語り（啓示）の言葉があります。

　教会という言葉は、神に呼び集められた会衆という意味をもつギリシア語の ἐκκλησία《エクレーシア》 という言葉が用いられています。このエクレーシアとして呼び集められた会衆は、たんにキリストの弟子となった者の寄り合いではありません。「キリストの体なる教会」として、イエス・キリストの業《わざ》を行うものこそが教会であり、そのために呼び集められた会衆なのです。ここには十二使徒に先行してイエス・キリストという存在があったように、個々のイエス・キリストの弟子の集まりに先行して「キリストの体なる教会」が先在し、そこに人々が呼び集められて具体的な教会（共同体）が形成されていく構造があります。つまり、信徒が呼び集められて教会ができるのではなく、そこにキリストがおられるのであれば、信徒が呼び集められる以前に、既に「キリストの体なる教会」が先在しており、そこに人々が呼び集められることによって、「キリストの体なる教会」が顕在化するのです。

いずれにしても、教会は「キリストの業」を行うのですが、この教会の「キリストの業」として、もっとも古くから実践されてきたのが**聖餐**（礼拝）と隣人愛です。[41] **聖餐**（礼拝）も隣人愛も、その根源はイエス・キリストにあります。[42] 両者は「キリストの体なる教会」において実践されてきたわけですが、**聖餐**については、もともとは、最も原初の教会のキリスト者が行ったパン裂きと呼ばれる食事であったことは、本章の第一節で述べた通りです。[43] このパン裂きと呼ばれる食事が、キリスト教の礼拝という儀礼のもつ独自性となりました。その意味で、正教会、カトリック教会、またプロテスタントのルター派や聖公会が、**聖餐**を礼拝の中心に据えていることは、正しい在り方であると言えるでしょう。私もまた、**聖餐**こそが礼拝の中心と考えています。

このパン裂きと呼ばれる食事の起源は、過ぎ越しの食事であったと考えられています。もっともこ

41原口尚彰は「パウロは初期キリスト教の伝統に一致して（マルコ一二31—34並行を参照）、旧約聖書の隣人愛の規定を（レビ記一九18）、他者を愛することを勧める根拠として援用している」（「パウロにおける愛の教説」『フェリス女学院大学キリスト教研究所紀要1号』2016年、30頁）と述べ、初期キリスト教において隣人愛が重んじられていたことを述べている。また原口はヤコブ書においても、「ヤコブ書の著者とパウロは共に、倫理教説の要として隣人愛（レビ記一九18）の重要性を認識していた（ローマ一三8—10；ガラテヤ五14；ヤコブ二8）。ヤコブ書は隣人愛の戒めを社会倫理的に解釈し、社会的に弱い立場にある者を助けることや（ヤコブ一27）、困窮した人に対して憐れみの行為を行うことを勧めている（二1—12を参照）」（『ルーテル学院紀要五一号』2017年、53頁）と述べている。

42ルカ一〇25—37の善きサマリヤ人の譬えを参照。この善きサマリヤ人はイエス・キリストのことであると理解される。それはキリスト者への模範であり、キリスト教会の模範である。前出の原口は隣人愛の根源がレビ記にあり、キリスト教の隣人愛の旧約との連続性を示し、またパウロにおいては、その隣人愛が教会内の関係の中でとらえられていることが示されている。辻学は、その著書『隣人愛のはじまり——聖書学的考察』シリーズ神学への船出01、新教出版社、2010年）で、原口と同じ見解を示しつつも、善きサマリヤ人の譬えでイエス・キリストが示した隣人愛は、旧約の民族主義内の隣人愛を問い直し、それを超えるものであり、敵をも愛するところまで広がっているところにキリスト教の隣人愛の特徴があると述べている。実際オリゲネス（185年頃－254年頃）も、この箇所の説教の中で、辻と同様の見解を示している（小高毅編『古代教会の説教』、シリーズ世界の説教、教文館、2012年、56—60頁を参照）。

43本書二章一節、54頁を参照。

れが、過ぎ越しの食事そのものであったかどうかについては議論があります。[44] しかし、ポール・F・ブラッドショーが指摘するように、最後の晩餐の原形であるパン裂きが何らかの形で過ぎ越しの出来事と関係づけられているということは確かであろうと思われます。[45]

これに対して、J・A・ユングマンは、その源泉をサバト（安息日）の食事であるとしています。このユングマンの主張は、[46] それなりに説得力があり、最初期のパン裂きが安息日に続く夜に行われていたことから考えても妥当性があると言えます。しかし、仮にユングマンの主張が正しいとしても、それがイエス・キリストの最後の晩餐に結びつけられ、イエス・キリストを想起させるものとしての機能が与えられていたことは、すでに述べた通りです。[47]

このイエス・キリストの最後の晩餐を源泉とし、それをパン裂きの食事として受け継いだ教会は、それを教会の歴史の中で**聖餐**として発展させました。教会は、その**聖餐**が伝える**宗教経験**という宝を後代に伝えるために、宝を入れる器となって**聖餐**と共に歩み、絶えずイエス・キリストを「今、ここで」の出来事として繰り返し想起させ、経験させつつ、今日まで運び伝えて来たのです。

では、信条と教会との関係はどうでしょうか。すでに述べましたように、コンスタンティノポリス会議におけるニカイア信条で三位一体の教理がキリスト教の教理として確立し、またカルケドン会議におけるカルケドン信条では、イエス・キリストの神人両性がキリスト教の教理として確定しました。このことからも分かるように、ニカイア信条もカルケドン信条も教会の公会議の結果であり、教会が生み出したものです。それが今日まで教会の中で守り受け継がれ、今日においてもキリスト教のアイデンティティを形成しているのです。

このように、教会が信条をキリスト教の歴史の中で伝え、イエス・キリストを**神**として認識し経験させる言葉を現代に伝えています。その意味で教会は、直観される**宗教経験**がもつ非合理的な内容を

44福音書における最後の晩餐の記事は、共観福音書とヨハネによる福音書の間に時間的差異が見られる。すなわち、共観福音書は最後の晩餐が過ぎ越しの食事として行なわれたとし、ヨハネによる福音書は、それを過ぎ越しの前日の出来事として描いている。

45ポール・F・ブラッドショー『初期キリスト教の礼拝』荒瀬牧彦訳、日本キリスト教団出版局、２００６年、87―88頁を参照。そこには「たとえ最後の晩餐が過ぎ越しの食事であったとしても、その祝の食事のみに固有の要素は最初期の教会のユーカリストに残っておらず、残っているのはユダヤ教のフォーマルな食事すべてに共通するものだからである。逆に過ぎ越しの食事でなかったとしても、それは依然として過ぎ越しの空気と流れの中で守られたものであって、後のユーカリスト神学においてこの祭りからのイメージや発想が現れてきたとしても、驚くにはあたらないのである」と述べられている。

46ユングマンの主張は、過ぎ越しの食事がユダヤ教においては定まった日以外に繰り返し行えるものではないこと、過ぎ越しの食事が儀式として繰り返し行われるには複雑すぎる等の根拠にもとづく。それについては、上智大学中世思想研究所監修、J・A・ユングマン『古代キリスト教典礼史』石井祥裕訳、平凡社、１９９７年、47―48頁を参照。

47第三章第二節「プロテスタントの聖餐にパンとぶどう酒は必要か――聖餐における象徴と実在」を参照。

そのまま告白する信条をもって、**神**認識に至らせる言葉を生み出してきました。そしてその非合理的な信条の言葉を、教会は通史的に伝える器として自らを用い、かつ組織化してきたのです。そこには「非合理的のゆえにわれ信ず（ラ：Credo《クレドー》 quia《クィア》 absurdum《アブスルドゥム》）」[48]という精神があります。

48 テルトゥリアヌス（Quintus Septimius Florens Tertullianus, ca. 160 - ca. 220）の言葉に由来すると言われる精神。

# 第三章　神の言葉との対話

## 第一節　神の言葉は人間の理解を超える

「直観は認識に先行する」。その直観と認識を結ぶものは言葉です。ここに啓示のもつ最大の問題点があります。この難所をいかに乗り越えるのかが、啓示論のもつ最大の課題であると言えるでしょう。人の言葉は絶えず人間の知性によって理解されるものだからです。それは人間の知性を超えた**神**を言い表すには不完全な言葉です。加えて、時代ごとにその意味やニュアンスをも変革していくものだからです。

たとえば「**神**がいる」ということ、さらにはイエス・キリストを「全き**神**」として経験することが認識されるためには、その前提に言葉では言い表せない「ここに何かが『**ある**』」ということが直観される**宗教経験**が必要となります。その経験が、意識のどこかに感覚として記憶されている必要があるのです。**神**は、確かに直観によって感じ取られる存在です。しかし、その直観された何かが何であるかを判別し認識するためには言葉を必要とします。認識は何らかの言語をもってなされる知的行為だからです。その**宗教経験**が神という言葉と結びつけられて、初めて「**神**は『**ある**』」という認識が、理屈ではなく現実の出来事としてリアリティをもって受容されていくからです。さらに「イエス・キリストは**神**である」ことを経験することは、イエス・キリストという存在に、人間の知性が理解し得る言葉では語ることができない知性を超えた存在、すなわち「言い表せない」**神性**が直観されている必要があります。この直観は、ルカによる福音書5章1－9節にあるペトロの経験の中に見ることができます。

1 群衆が神の言葉を聞こうとして押し寄せて来たとき、イエスはゲネサレト湖のほとりに立っ
ておられた。2 イエスは、二そうの舟が岸にあるのを御覧になった。漁師たちは、舟から上がっ
て網を洗っていた。3 イエスは、そのうちの一そうであるシモンの舟に乗り込み、陸から少し漕
ぎ出すようにお頼みになった。そして、腰を下ろして舟から群衆を教えられた。4 話し終わると、
シモンに、「沖へ漕ぎ出し、網を降ろして漁をしなさい」と言われた。5 シモンは、「先生、私た
ちは夜通し働きましたが、何も捕れませんでした。しかし、お言葉ですから、網を降ろしてみま
しょう」と答えた。6 そして、漁師たちがそのとおりにすると、おびただしい魚がかかり、網が
破れそうになった。7 そこで、もう一そうの舟にいた仲間に合図して、加勢に来るように頼んだ。
彼らが来て、魚を両方の舟いっぱいにしたので、二そうとも沈みそうになった。8 これを見たシ
モン・ペトロは、イエスの膝元にひれ伏して、「主よ、私から離れてください。私は罪深い人間

です」と言った。[9] とれた魚にシモンも一緒にいた者も皆驚いたからである。

ここにおいて、ペトロはイエス・キリストに対して「驚き」と畏れを感じています。それが、膝元にひれ伏し「私から離れてください。私は罪深い人間です」という言葉となって現れています。このときペトロは、言い表すことのできない「ただものではない」イエス・キリストを直観し畏怖しているのです。そこには「聖なるもの」が立ち現れています。

このイエス・キリストに立ち現れる「言い表せないもの」という感覚と、言いようのない畏れを感じさせる「聖なるもの」の感覚が神という言葉と結びついて初めて「イエス・キリストは**神**（あるいは神の子）である」と認識され受容されるのです。しかしこの段階では、ペトロはまだイエス・キリストのことを**神**とは呼んでいません。マタイは、後にペトロが「あなたはメシア、生ける**神**の子です」（マタイ一六16）と述べた信仰告白の言葉を記していますが、このときは、まだそのような認識には至っておらず、ただ「言い表せないもの」としてのイエス・キリストを「驚き」をもって直観し畏怖するという**宗教経験**だけが起こっているのです。このような直観と認識の時間的差異は、「イエス・キリストは**神**である」ということが、わたしたちの知性によって考え、理解されることで認識される明晰で実証可能な論理命題ではないということです。

このような、人間の知性で理解できる言葉では語ることのできない神やイエス・キリストとの遭遇は「驚き」の経験です。なぜならば、神は人間の五感では観察不可能な存在であり、またイエス・キリストは、マリヤとヨセフの子として、人間の知性においては人として認識され、把握されるべき存在だからです。そのイエス・キリストを、ニカイア信条は、「主イエス・キリスト、神の御子、神より生まれたただ独り生まれたるもの、神より出たる神、光より出たる光、眞の神より出たる眞の神、造られず、聖父と同質なる御方」という言葉にして告白します。カルケドン信条は、「主は、眞に神であり眞に人であり給い」というのです。これらの言葉はイエス・キリストという人間の中に、人間を超えた存在である神を経験する「驚き」を言葉化していますが、本来は人間の知性で理解できる言葉では語り得ない事柄なのです。

そもそも「驚き」という経験は知性も言葉も介せず、わたしたちの心が直接把握する直接経験です。それは感嘆詞をもって表現すべき出来事です。ですから「驚き」を発語するならば、「ああ！」とか「おお！」とか「わぁ！」といった感嘆詞を伴う言葉として表現されるものなのです。

一般に物事の認識は言語によってなされます。知性内の過去の経験には、認識する主体者個人の経験だけではなく、彼をとりまく社会によって常識化された過去の経験――そこには価値や感情も含むのですが――、そういった常識化されたものによって比較され把握されます。だからこそナザレのイエスは、常識化された知性で理解できる言葉によっては、人としてしか把握できない存在なのです。

しかし、「驚き」の経験の最初の言葉化は感嘆詞です。それは、知性で理解できる言葉を媒介としない直観されるべき直接経験の言葉です。にもかかわらず、この「驚き」の経験が、人間によって理解可能な言葉によって分析され把握されるのです。この経緯をもって、アレイオス派などは、その理解可能な言葉によって伝えられているイエス・キリストという存在を分析し把握します。これによってイエス・キリストは、神に対してホモイウーシオス（類似）な存在であり、天地の創造に先駆けて神によって無から生み出された最初の被造物であると認識されるのです。それは、まさに人間の知性によって考えられ、理解される実証可能な知性内の言葉なのです。

この知性内の言葉に対して、アタナシオス派は、「イエス・キリストは、神とホモウーシオス（同質）な関係であり、それゆえにイエス・キリストは真の神であり、神から生まれ出たものではあるが被造物ではない」と主張します。この言葉は、人間の知性が把握し得る言葉ではありません。それは人間の知性では把握できない知性の外側にある言葉なのです。では、この人間の知性の外にある言葉はどこから来たのでしょうか。

啓示とは、ギリシア語ではαποκάλυψις《アポカリュプシュス》であり、覆いがかけられ、包み隠されたものの覆いが取り払われ、隠されているものが現れ出ることを意味することはすでに述べた通りです。つまり、人間の知性に覆い隠されていたものを明らかにすることが啓示なのです。そこには、まず「驚き」という直観に基づく経験があると言えます。五感を通して客観的に観察できない神の存在に触れること自体が、直観がもたらす「驚き」の経験です。この言葉では言い表せない「驚き」の経験をあえて人間が理解できる言葉として語ったものが信条なのですが、先にも述べたように、人間の言葉はすでに人間の知性にとらえられています。その知性内にある言葉では言い表せない知性外の事柄は、人間に理解できる言葉で認識される論理的矛盾として、**神**の啓示という出来事それ自体の中に起こっているのです。

そこでニカイア信条、カルケドン信条です。この二つの信条が指し示す**宗教経験**は、三位一体論、およびキリストの神人両性という神秘です。この神秘は、**神の言葉**としての聖書および預言者やイエス・キリスト自身の教えという外側から語りかけられる言葉として人に臨みます。その外側の語りに対して内的な何かが喚起され、その神秘の言葉を真理の言葉として知覚させ承認するのです。この過程を経て、聖書や使徒および預言者の言葉が、「**神**かく語りき」として受容される**宗教経験**を生起させます。その受容された事柄が、教会の中で伝えられ受け継がれていきます。最終的に、その受け継がれた「**神**かく語りき」という**宗教経験**は、信条の言葉によって歴史的な公同の経験として確認されます。そして「非合理のゆえに、われ信じる」という精神のもとに、信仰の言葉として承認され、キリスト教における宗教的認識として受け止められるのです。

宗教としてのキリスト教のもつ神秘性は、人間の外側から語りかける「**神**の言葉」と、人間の内側に生起する何かが、「わたし」に対する「**神**かく語りき」を受けとめさせることであると言えます。そしてそれこそが、まさにキリスト教の**宗教経験**の本質でもあると言えるのです。たとえばそれは、私にとっては、あの東日本大震災の被災地で聞いた「それでも**神**はいる」という言葉でもあるのです。

## 第二節　キリスト教的「宗教経験」とキリスト教的「宗教認識」

キリスト教の信仰では、直観された「言い表せないもの」の感覚は聖書の言葉によって、**神**として認識されます。その認識が、教会を器として教会の中に伝統として受け継がれてきた礼拝と信条を通して、イエス・キリストを礼拝すべきお方として受容させ、三位一体の**神**という非合理を受容させるのです。わたしたちは、知性による分析と考察では論証不可であり認識不能な知性を超えた神秘である**神**を認識し、また神人イエスを**神**として認識するのです。

こうして言葉化された認識は、**宗教経験**それ自体ではありません。経験は歴史的な言葉によって言葉化された時点で、知性によって受容され、識別され、判断されているからです。この事実に立つとき、ニカイア信条の「聖書に応じて三日目に甦り」と「預言者らを通して語り給うお方」という言葉、さらにカルケドン信条の「言《ことば》なる**神**、主イエス・キリスト」と「はじめから、預言者らもまた主イエス・キリストご自身が懇《ねんご》ろに教え、教父らの信条が我らに伝えた通りである」という言葉は着目に値します。繰り返しになりますが、ニカイア信条が伝える三位一体の教理も、カルケドン信条が伝えるキリストの神人両性の教理も、人間の知性を超えた神秘であり、本来は言葉化されない出来事、言葉化にはなじまない出来事だからです。それは**神**の三位一体も、キリストの神人両性も人間が理解でき、認識できる事柄ではなく、人間の知性によって自然に生起することのない言葉だということを意味します。それらは、人間の知性の外側にある言葉を伝える非合理的な言葉なのです。

それに対し、ニカイア公会議、コンスタンティノポリス公会議やカルケドン公会議において、その論敵は極めて明快な知性的言葉を語ります。アレイオス派の人びとやマケドニウス派、およびエウテュケス派の人びとの主張は、極めて妥当で合理的な考え方なのです。彼らが、キリスト教の根幹にある**宗教経験**を、人間の知性によって理解し得る言葉を使いながら考え、語っているからです。

ニカイア信条やカルケドン信条が伝える知性の外側からくる言葉はどこから来たのでしょうか。それは前段で示した内容になります。ニカイア信条の「聖書に応じて三日目に甦り（ギ：ἀναστάντα《アナスタンタ》）」とは、イエス・キリストの復活の出来事を指しますが、死んだ人間が甦ることも、人間の知性と経験外の事柄です。パウロがアテネの人たちに伝道をした際、パウロの話に耳を傾けていた人々が、最後の最後にパウロの言葉を拒絶したのは、パウロがイエス・キリストの復活について語ったからです。[49]イ

49使徒言行録一七16—33を参照。そこにはパウロのアテネ宣教の記事が記されている。ここで問題となっているイエス・キリストの復活に関する件は30—32節まで。

さて、神はこのような無知な時代を大目に見てくださいましたが、今はどこにいる人でも皆悔い改めるよ

エス・キリストの復活の出来事は、人間の知性と経験とでは理解し難く、受け入れ難い事柄なのです。人間の知性と経験で受け入れ難い事柄を、ニカイア公会議では、「聖書に応じて（ギ：κατὰ《カタ》 τὰς《タース》 γραφάς《ガラファス》）」と言っています。つまり、「聖書がそう語っているので」と言って受け入れているのです。

この「聖書に応じて」という言葉は、パウロが記したⅠコリントの信徒への手紙15章3－5節にある言葉と呼応しています。この手紙の箇所においてパウロは、「最も大切なこととしてわたしがあなたがたに伝えたのは、わたしも受けたものです」と言っています。この箇所は最も古いケリュグマ[50]の定式を踏まえた言葉であり、こう記されています。

3 最も大切なこととして私があなたがたに伝えたのは、私も受けたものです。すなわち、キリストが、聖書に書いてあるとおり私たちの罪のために死んだこと、4 葬られたこと、また、聖書に書いてあるとおり三日目に復活したこと、5 ケファに現れ、それから十二人に現れたことです。

この「聖書に書いてあるとおり三日目に復活したこと（ギ：ἐγήγερται《エゲーゲルタイ》 τῇ《テー》 ἡμέρᾳ《ヘメラー》 τῇ《テー》 τρίτῃ《タリテー》 κατὰ《カタ》 τὰς《タース》 γραφάς《ガラファス》）」は、ニカイア信条に「聖書に応じて三日目に甦り（ギ：ἀναστάντα《アナスタンタ》 τῇ《テー》 ἡμέρᾳ《ヘメラー》 τῇ《テー》 τρίτῃ《タリテー》 κατὰ《カタ》 τὰς《タース》 γραφάς《ガラファス》）」とあるように、甦り（ギ：ἐγήγερται《エゲーゲルタイ》）と復活（ギ：ἀναστάντα《アナスタンタ》）という単語の違いはあるにせよ、言い回しとしては重なっています。

このＩコリントの信徒への手紙で「聖書（ギ：γραφή《ガラフェー》[51]）に書いてあるとおり三日目に復活したこと」という言葉の背後には、イエス・キリストがファリサイ人との論争の中で語られた「ヨナが三日三晩、大魚の腹の中にいたように、人の子も三日三晩、大地の中にいることになる」（マタイ一二40）がある[52]と思われます。つまり、Ｉコリントの信徒への手紙における「聖書に書いてあるとおり」という言葉は、「イエス・キリストが、（旧約）聖書に基づいて語った言葉の通りに」と受け取るべき言葉であろうと思われます。実際、ニカイア信条を宣言したコンスタンティノポリス公会議の開催は３８１年であり、新約聖書二七巻が正典として受け入れられたのが、３９７年のカルタゴ会議であったことを考

---

うにと、命じておられます。先にお選びになった一人の方によって、この世界を正しく裁く日をお決めになったからです。神はこの方を死者の中から復活させて、すべての人にそのことの確証をお与えになったのです。」死者の復活ということを聞くと、ある者は嘲笑い、ある者は、「それについては、いずれまた聞かせてもらうことにしよう」と言った。

と書かれている。

50 ギリシア語のケリュグマ（κήρυγμα）は、もともとは布告、あるいは布告する言葉という意味。原初の教会は、宣教の言葉として定式化した言葉を用いた。それが、パウロが「最も大切なこととしてわたしがあなたがたに伝えたのは、わたしも受けたものです」と言う「わたしも受けたもの」である。そしてそれがケリュグマであり、その内容がＩコリント一五3―5。

51 γραφάς《ガラファス》は γραφή《ガラフェー》の属格。

52 前出、関川泰寛『ニカイア信条講解――キリスト教の精髄』、131頁を参照。

えると、ここでいう聖書は旧約聖書のことであります。

もちろん、381年と397年という年代の近接さを考慮すると、この時、大まかではありますが新約聖書となるであろう諸書が想定されていて、[53] それらをも含んでニカイア信条において、「聖書（ギ：γραφή《ガラフェー》）」と言っていたのかもしれません。実際、397年のカルタゴ会議[54]における正典決定の背後には、様々な異端とされる教えに対して、正統的な教えの基準としての正典を定めるという意図がありました。この時すでにカルケドン公会議の構成者間において、何らかの諸書を、ある程度の共通認識のもとで正典として考えられていた可能性は十分にありえます。[55] その際、Ⅰコリントの信徒への手紙が、正典に加えられる諸書の中に入っていたことは、間違いがないと推測されます。[56] このニカイア信条における「聖書に応じて」という言葉の背景に、Ⅰコリントの信徒への手紙をもって、「イエス・キリストが聖書に基づいて語った通り」に甦ったのだというニュアンスを汲み取ることも不可能ではありません。

いずれにしても、ニカイア公会議・コンスタンティノポリス公会議・カルケドン公会議においては、聖書の言葉を人間の知性と経験の外側からの神秘の言葉、すなわち**神の言葉**として聞いていたと言えます。また、同時に人間の知性を超えた存在であるイエス・キリストが語った言葉も、**神の言葉**として聞いていたのです。それは、聖書の「預言者らを通して語り給うお方」という表現においても推し量ることができます。預言者という言葉は、圧倒的に旧約聖書の預言者たちを想起させるからです。

もちろん、ここでいう預言者は、最初期のキリスト教会に存在した預言者であるかもしれません。その可能性を完全に排除することはできないのです。聖書には、最初期のキリスト教会に預言者と呼ばれる職制があったことが記されているからです。例えば、エフェソの信徒への手紙3章3－5節に[57]

53 367年にアタナシウスが書いた第三九復活祭書簡には、今日の新約聖書二七巻にあたる書がすでに権威ある「霊感による書」として記されていた。
54 第三カルタゴ会議のこと。ここでは便宜上カルタゴ会議とする。なおカルタゴ会議は、ニカイア公会議やコンスタンティノポリス公会議、カルケドン公会議のような東方教会の伝統にも西方教会の伝統にも受け入れられている世界会議ではなく、西方教会の伝統のみにおける教会会議である。東方教会の伝統における正典決定は、さらにもっと後であり、その内容も流動的である。東方教会の正典結集に関してはJ・メイエンドルフ『ビザンティン神学――歴史的傾向と教理的主題』鈴木浩訳、新教出版社、2009年、25－26頁を参照。
55 カルタゴ会議における論点の中心は旧約聖書に関するものであり、最後まで新約聖書で問題になったのは黙示録ぐらいである。つまり、新約聖書に関しては、黙示録以外の諸書は、かなり早くから正典となるものは定まっていたと言える。
56 カルタゴ会議で最終的に決定された正典の中で、その結集プロセスにおいて疑義があるものとして疑われたものは、ヘブライ人への手紙、ペトロの手紙Ⅱ、ヨハネの手紙Ⅱ、およびⅢであり、東方教会の伝統においては黙示録が最後まで疑義を持たれた。この疑義の中にコリントの信徒への手紙は入っていない。
57 Ⅰコリント一二28。そこには「神は、教会の中にいろいろな人をお立てになりました。第一に使徒、第二に預言者、第三に教師、次に奇跡を行う者、その次に……」とある。他にもエフェソ二20、四11等を参照。

は次のような記述があります。

[3] 初めに手短に書いたように、啓示によって秘義が私に知らされました。[4] あなたがたは、それを読めば、私がキリストの秘義をどのように理解しているのかが分かります。[5] この秘義は、前の時代には人の子らには知らされていませんでしたが、今や霊によってその聖なる使徒たちや預言者たちに啓示されました。

ここで言う「前の時代」とは、イエス・キリスト以前の時代です。「キリストの秘儀」とは、「初めに手短に書いたように……」とあり、同1章20－23節には次のように書かれています。

[20] 神は、この力ある業をキリストの内に働かせ、キリストを死者の中から復活させ、天上においてご自分の右の座に着かせ、[21] この世だけでなく来るべき世にある、すべての支配、権威、権力、権勢、また名を持つすべてのものの上に置かれました。[22] また、すべてのものをキリストの足元に従わせ、すべてのものの上に立つ頭としてキリストを教会に与えられました。[23] 教会はキリストの体であり、すべてにおいてすべてを満たしている方が満ちておられるところです。

ここでは、このキリストの秘儀が「霊によってその聖なる使徒と預言者たちに啓示されました」というのです。そしてその啓示された内容は、イエス・キリスト以前の時には知らされていなかったことです。それゆえに、先に述べたように、ニカイア信条やカルケドン信条に記された「預言者」は、この最初期の教会の預言者が語ったことが伝承として伝えられた可能性[58]を否定しきれないのです。

しかしいずれにせよ、そこには「神かく語たれり」という宗教的認識があります。そもそも、預言者とは**神の言葉**を預かり、「**神**かく語れり」を語る者だからです。また使徒たちは、イエス・キリストという存在を、自分自身の「聞いたもの、目で見たもの、よく見て、手で触れたもの」（Ⅰヨハネ一・1）として経験しています。そしてそれを「すなわち、命の言《ことば》」というのです。それは、イエス・キリストを**神**としてとらえ、その言葉を**神の言葉**として聞くという使徒たちの**宗教経験**であり、かつそれに基づく宗教的認識です。その自分自身のイエス・キリストとの間にえた**宗教経験**と宗教的認識によって、使徒たちは彼らと共に生きたイエス・キリストを語り伝えるのです。

その使徒たちの語り伝えた言葉が、教父たちの信条という教会の伝統の中に横たわる言葉となって今日に至っています。このように、ニカイア信条、カルケドン信条においては、預言者が伝えた**神の**

---

58もちろんここでの解釈として、イエス・キリストの前の時代の預言者たちに語られた事柄に秘められた秘儀（イエス・キリストに関する事柄）を知らされていなかったが、今の時に至って、霊によって、その預言者の言葉に秘められた秘儀が開示されたという理解もあるだろう。そして、そのような解釈も可能である。

**言葉**と教父たちの信条、イエス・キリストの語った教えとが並列的に置かれています。それは、イエス・キリストと出会い、その言葉を聞くと言った**使徒的宗教経験**が、使徒たちの**宗教経験**に基づいて言葉化された**使徒的宗教認識**を生み出し、そこから発っせられた言葉が教会に伝えられたからです。使徒性とは、人々の認識が、その本質においてこの**使徒的宗教経験**と**使徒的宗教認識**に遡ることができるものだと言えます。そしてこの使徒性がニカイア信条・カルケドン信条の権威を支える根拠となるのです。実際、カルケドン信条には、「これは、はじめから、預言者らまた主イエス・キリストご自身が懇ろに教え、教父らの信条が我らに伝えた通りである」と言っています。つまり古代の信条の言葉には、使徒たちの**宗教経験**に基づく宗教的認識である使徒性が、教会という共同体の**キリスト教的宗教経験**として、また**キリスト教的宗教認識**として普遍化されているのです。

　カルケドン信条は「教父らの信条が我らに伝えた」と言います。その信条が何を指すのかについては、原ニカイア信条やニカイア信条、あるいはもう少し遡って2世紀の古ローマ信条[59]等が考えられます。これらは聖書ではなく、教会の伝統に属するものです。カルケドン信条は、教父たちの信条を、「預言者らまた主イエス・キリストご自身が懇ろに教え、教父らの信条が我らに伝えた通りである」、といって預言者、主イエス・キリストの教えと並列的に置くのです。そこには、「教父たちが伝えた信条」には、聖霊が預言者を通して語った「**神**かく語りき」とイエス・キリストが語った「**神**かく語りき」が、使徒たちの**宗教経験**を正しい**キリスト教的宗教認識**へと導き、それが教会に伝えられてきた信条の言葉の中に正しく伝えられているという確信が垣間見られます。

当然のことですが、ニカイア公会議、コンスタンティノポリス公会議やカルケドン公会議に参加した人々は、直接イエス・キリストという存在を体験したわけではありません。彼らは、聖書と使徒たちが伝えたイエス・キリストご自身とその言葉、そして使徒たちの経験によって、イエス・キリストを「眞の**神**より出でたる眞の**神**」であるという認識と「實に完全に**神性**をとり完全に人性をとり給う」お方であるという認識を追体験し、信条の言葉において確認し確証する[60]のです。

この確証は、すでに述べた通り、人間の内側の知性に基づく言葉によって判別し理解されることによるものではありません。むしろ、知性を超えた神秘を伝えた使徒と預言者の言葉を通して語る教会の言葉を真理とし受け止めるのです。そこには内的な力、すなわち人間の内側に生起する人間の知性を超えた何かの働きによって、「わたし」に語りかける「**神**かく語りき」という**宗教経験**が承認され、「教父たちが伝えた信条」によって歴史的な公同の経験として確認するのです。

59ローマ教会で信徒の洗礼準備用に用いられたと言われる信条で、現在の使徒信条の原形となったものである。

60信条は、本文中でも述べたように、異なる意見を排除する信仰の宣言であり、正しい信仰が何であるかを確認する言葉である。その意味でも、信条の言葉に耳を傾けるということは、それによって正しい信仰であるか否かを確認する作業であると言える。

## 第三節　神の言葉と神の像の呼応

私は、前章で礼拝の場と信条における**宗教経験**について述べました。そこには、人間の五感を超えて**神**の存在を直観する**宗教経験**と、イエス・キリストの内にある**神性**を直観する**使徒的宗教経験**があります。その直感されたものが、イエス・キリストをして**神**の独り子であり、すべての存在の主であるとする**使徒的宗教認識**に至せるのです。このように経験が認識に先立ち、礼拝において共有され、ニカイア信条、カルケドン信条といった信条の言葉を生み出していくのです。この二つの信条が教会の伝統となり、三位一体論とキリスト神人両性論という教理の外枠が定まりました。同時に二つの信条の核にある二つの教理が、人間の知性を超えた神秘を伝える「**神**かく語れり」を証言する言葉となって、人間存在の外側から語りかける**神の言葉**の働きを指し示してきたのだと言えます。すなわち**神の言葉**が人間の内側に生起する知性を超えた出来事として、父、御子、聖霊なる**神**の三位一体を認識させ、イエス・キリストを眞の**神**であり眞の人として、認識させ承認させるのです。そこには、「わたし」の内に生起する**宗教経験**としての「**神**かく語れり」があり、直観される「言い表すことのできないもの」の経験が、**神の言葉**によって認識される**宗教経験**と言葉の連携があるのです。

少し整理してみましょう。ニカイア信条、カルケドン信条が指し示す**使徒的宗教経験**は、三位一体論、およびキリストの神人両性という神秘的な事柄が、聖書および預言者や主イエス・キリストご自身の教えという外側から語りかけられる言葉として人に臨むことを**証言**します。外側からの語りかけに対して私たちの内側にある内的な何かが喚起され、神秘の言葉を真理の言葉として知覚し、それを承認し認識します。それは聖書や使徒および預言者の言葉が、「**神**かく語れり」として受容される**使徒的宗教経験**の内的生起でもあります。その受容された事柄が教会の中で教会の言葉として伝えられ受け継がれていき、最終的には、受け継がれてきた「**神**かく語れり」という**宗教経験**が、信条の言葉によって歴史的な公同の経験であると確認され、宗教的認識として了解され、受け止められます。

このようにキリスト教のもつ神秘性は、直観された「わたしはある／いる」という人間の外側から語りかける**神**の語り、すなわち啓示の出来事に遭遇し、その遭遇した出来事に呼応して人間の内側に生起する出来事が、聖書や信条や礼拝の言葉を通して「**神**かく語れり」という**宗教経験**として受けとめられ、その「**神**かく語れり」の内容を宗教的認識として受容するところにあると言えます。そしてこの「**私はある**」という啓示と遭遇する**宗教経験**を通して、わたしたちに語りかける**神**と出合い、その語りかける**神の言葉**によって、知性によって分析し理解することは認識不能な知性を超えた神秘である「言い表せないもの」である**存在**それ自体を、**神**という言葉で認識するのです。

この認識は、すでに述べた通り、人間の内側の知性に基づく言葉によって判別し理解されることで認識されたのではありません。むしろ、この人間の知性を超えた神秘を伝えた使徒と預言者の言葉を、真理とし受け止めさせる内的な、すなわち人間の内側に生起する人間の知性ではない何かが、「そうだ。その通りだ」と承認させるのです。そしてその承認を、「教父たちが伝えた信条」によって歴史的な公同の経験として確認し、そして確証するのです。すると問題は、この人間の内側に生起する知性ではない何かです。

エラスムスは16世紀の知的巨人ですが、彼は人間をまず魂と身体の二元論で把握します。すなわち、「人間は二つあるいは三つのひじょうに相違した部分から合成された、ある種の驚くべき動物です。つまり、一種の神性のごとき魂、あたかも物いわぬ獣からできています」[61]と言うのです。このときエラスムスは魂を天的起源のものとし、身体を地上的世界に属するものと見ています。その上で、魂は天に帰属するものとして天的なもの、真なるもの、また永遠なるものを求めるものとしてとらえます。それに対して身体は、この世的なもの、目に見えるものを求めるものであるとするのです。

このようなエラスムスの思想は極めてプラトン的であり、ギリシア・ローマの人間観の反映が見られます。そこには、人間は教育によってより善きものへと向上することができるという肯定的な人間観がありますが、金子晴勇はこのギリシア・ローマの思想の形成には視覚、すなわち「見る」ということが大きく寄与していると言うのです。[62]

金子は「見る」ということは自己を取巻く世界を観察することであると言います。この自己を取巻く世界を観察し得られた情報をもって、分析し知的に理解するところに、人間の知の営みがあります。その知的営みの上にギリシア哲学の世界が広がっていったのです。だとすれば、教育によってより善きものへと向上することができるという人間理解も、その観察した中から生み出されてきた人間観だと言えます。それは、客観的な人間観察から生み出されたもので、単に宗教的な理念としてではなく、むしろ科学的観察による普遍的な人間像として提示されるものだと言えるでしょう。実際それは、教育の場を通してギリシア・ローマ文化を形成し、ルネサンスを経て、現代世界へと脈々と流れこんでいます。

しかし、現実の人間は必ずしも「善」を求めるだけではありません。悪をも行う存在です。このような事態に対し、エラスムスはオリゲネスに倣いつつ、魂をさらに分析的に分解し、霊・魂・肉（身体性）の三区分に人間をとらえ直します。天的なものを求めるものが霊であり、地的なもの（この世のもの）を求めるものが肉であるとし、その霊と肉との中間にあって、天的なものと地的なもののいずれの方向に向かって生きるかの意思決定をする魂の存在を置きます。このようにエラスムスは、魂と肉との二元論から出発し、霊・魂・肉の三元論による人間論へと展開するのです。この霊は、キリ

61エラスムス『エラスムス神学著作集』、金子晴勇訳、教文館、２０１６年、40頁。
62金子晴勇『キリスト教思想史の諸時代Ⅰ　ヨーロッパ精神の源流』ヨベル、２０２０年、19―21頁を参照。

スト教的表現で言えば、人間の内側に刻まれた**神の像**《かたち》ということになるでしょう。創世記1章26―27節には次のような記述があります。

神は言われた。「我々のかたちに、我々の姿に人を造ろう。そして、海の魚、空の鳥、家畜、地のあらゆるもの、地を這うあらゆるものを治めさせよう。」神は人を自分のかたちに創造された。神のかたちにこれを創造し、男と女に創造された。

西方教会の伝統では、「**我**々[63]の**かたち**に、我々の**姿**に人を造ろう」という言葉の「我々の**かたち**」と「我々の**姿**」との間に明確な区別をつけません。しかし東方教会の伝統においては、前者を**神の像**《かたち》(ギ：εἰκών《エイコーン》)」、後者を**神の肖**《しょう》（ギ：ὁμοίωσις《ホモイウーシス》）[64]と、明確な区別をもって理解しています。**神の像**《かたち》とは、人間が人間として形成されていくための種のようなものであり、アリストテレスの表現を借りるならば可能態のようなものです。可能態とは、植物の種子の中に、大きな樹木となるべきことが可能な樹木としての本質があるというふうに譬えることができます。その可能態が、やがてそれが成長し、時が満ちて大きな樹木となり、現実の存在となるのです。**神の肖**《しょう》とは、その種の中にある**神の像**《かたち》が成長して完全な完成形となった姿です。つまり神は、**神の似姿**《にすがた》になるべき存在として、その種となる**神の像**《かたち》を人間に与え、その種を成長させ発展するものとして創造しているというのです。人間の**神の像**《かたち》は**神**

**の肖**《しょう》を希求します。ここに教育の根拠があります。教育とは、人間の内にある人間本性という種を養い育てることだからです。事実、近代教育の父と称せられるコメニウス[65]にも、この可能態である種子のイメージが共有されています。

エラスムスはこの**神の像**《かたち》を霊と表現しましたが、一般的表現で言い表すならば、それは理性[66]である

---

63 ここにおける**神**の「**我々**」という複数形での表現には諸説あるが、尊厳の複数として考えるのが妥当であろう。それゆえに凡例にしたがって太字の**我**を用いた。

64 ここにおいてホモイウーシス（類似）と言っていることに着目すべき。神の肖は、あくまでも類似であってホモウーシス（同質）ではない。この点がイエス・キリストが神の子であることと、わたしたち人間が神の子とされることとの決定的な違いである。

65 ヨハン・アモス・コメニウス（Johann Amos Comenius, 1592 - 1670）は、チェコ中部のモラビア地方生まれの教育思想家。コメニウスは身分や階級を超えて万人が共通の普遍的な知識を共有できる機会均等な教育を主張し、近代的学校思想の先駆者となった。社会批判の書『現世の迷路と魂の天国』（1620年）をはじめとし、ラテン語教科書『開かれた言語の扉』（1631年）、『語学入門手引き』（1633年）、『世界図絵』（1658年）、『大教授学』（1657年）、『汎覚醒』（1645年）等の著書がある。

66 理性と知性とは、しばしば同じものと見なされるが、厳密には区別されるべきである。知性は物を認識させ、それが何であるかを知性で理解できる言葉をもって知らせるが、理性は、道徳心が判別した善いもの悪いものに対して、善いものを求めさせるからである。人は、本性的に善いものに向かう。その善いものの究極的な存在が神である。したがって人間の理性は、本性的に神に向かう。この神への方向性が見失なわれ、自己

と言えるでしょう。この場合、理性は明確に知性と区別されるべきものです。なぜならば知性は言葉をもって考え判断しますが、善をも悪をも選び得るからです。しかし理性は、あくまでも「善」を希求し、言葉を超えた天、すなわち「言い表すことのできない」**神**を希求します。

　こうしてみると、人間の知性を超えた神秘を伝えた使徒と預言者の言葉を通して語る教会の言葉を真理とし受け止めさせる内的な、すなわち人間の内側に生起する人間の知性ではない何かとは、人間の霊あるいは理性といってもよいでしょう。それは、神が人間に与えた**神の像**《かたち》なのです。ここには、語る**神**とその**神**の語りに応答する人間の**神の像**《かたち》との呼応による対話が見られます。

　こうしてみると、宗教としてのキリスト教のもつ神秘性と宗教性は、人間の外側から語りかける**神の言葉**による「**神かく語りき**」と、人間の内側に生起する**神の像**《かたち》の応答とが、自らへの「**神かく語りき**」として受けとめさせる**宗教経験**にあると言えます。この「**神かく語りき**」という**宗教経験**を通して、わたしたちに語りかける**神**と出合い、語りかける**神の言葉**によって、知性では認識不可能な知性を超えた神秘である**神**を、**神**として知り[67]認識し、自らを**神**の創造の完成である**神の肖**《しょう》へ向かわせるのです。

---

追及的になるところに人間の罪という事態がある。

67 この「知る」ということは、命題的真理として神を知るということではない。我々を神の御前で神の民として生かさせる神を「知る」のである。

# 第四章　普遍啓示

## 第一節　普遍啓示と特殊啓示

私は愛媛県の宇和島市で生まれ、小学校三年生のときに山口市に移り、大学に進学するまで山口市で育ちました。山口市にはサビエル（Francisco de Jasso y Azpilicueta, 1506 - 1552）が日本で最初の教会堂を建てた地であると言われます。その最初の教会堂として使われたのが大道寺という古寺でした。その場所にはモニュメントの十字架がある小さな公園があり、また山口市を見渡す亀山公園にはサビエル記念聖堂があります。いずれも、私の少年時代の遊び場でした。

サビエル記念聖堂は1991年に落雷のため焼失し、新しいモダンな会堂に建て替えられましたが、それ以前はサビエル城の一部を模した古い会堂でした。記憶ではその聖堂の扉は平日の間はいつも閉じられており、中がどのようになっているかは見ることができませんでした。ところが小学校三、四年生の頃であったと思いますが、一人でサビエル記念聖堂の周りで遊んでいるとき、偶然、聖堂の裏木戸が開いているのを見つけたのです。そこで、好奇心に駆られて、裏木戸からもぐりこみ、初めてカトリック教会の聖堂の中に入りました。

聖堂の中には誰もおらず、ただステンドグラスからこぼれてくる光だけの薄暗い空間がひろがっていました。その薄明かりが聖堂正面の祭壇と祭壇に描かれていた祭壇画を照らし出していて、とても厳粛で厳かな空間でした。その時、何を思ったのか聖堂の席にひざまずき「神さま、あなたの声を聞かせてください。あなたの声が聞こえたならば、神さまを信じます」と祈っていたのです。どのくらいの時間だったでしょうか。おそらく実際には五分もたっていなかったのではないかと思いますが、とても長い時間であったように思われました。結局、神の声も聴けず私は聖堂を去ることになりましたが、わたしが期待したのは、具体的に、語りかけられる神の言葉だったのです。

当時の私は、キリスト者でもなければ教会学校に行ったこともない、キリスト教とは縁もゆかりもない少年でした。その私が、薄暗い聖堂の中で、何かに押し出されるように一人ひざまずいて祈ったのです。意識したわけではありませんが、そこには、確かに私を祈りに押し出したものがあるのです。それが何かを**普遍啓示**という神学概念を通して考えていきたいと思います。

すでに述べましたように、キリスト教の神学では、**神**の自分語りを啓示と呼び、その啓示を**普遍啓示**と**特殊啓示**に区分して論述します。この**普遍啓示**と**特殊啓示**の関係は、これもまた私の次のような幼少期の記憶に譬えることができます。

ある時、私は幼《おさな》友達らと「かくれんぼ」をして遊んでいました。そのとき私は近くにあった家のプレハブの物置に隠れました。しかも、かなり周到に考えられた隠れ場所です。それは、入り口の引き戸の真上にある壁でした。引き戸の入り口の上にある靴幅半分ほどの足場に足をかけ、天井にあったとっかかりにつかまり、引き戸の真上にある壁に忍者のようにへばりついたのです。当然、入り口から中を見渡しても、そこはまったくの死角であり、見えるのは物置に置かれた自転車や雑多な荷物だけです。

私は次のような計算をたてました。「かくれんぼ」の鬼が、この物置の引き戸を開けて中に入って見廻しても、この場所だけはまさに死角で、振り返って見上げない限り見つかることはありません。一度探しに来ていないと認識したなら、二度と探しには来ないだろうと考えたのです。

案の定、鬼は物置を探しに来ました。引き戸を開け、中に入りあたりを見渡しましたが、まさに彼の頭上にいる私を見つけることができず、物置の戸を閉めて出て行ったのです。おそらく二度とこの場所を探しに来ないでしょう。それでは面白くありません。そこで私は、軽く物音をたてたのです――もちろんわざと。私はここに「いる」と鬼に語りかけたのです。すると鬼は、この中に何かが「いる」と直観して、再び引き戸を開けて中に入って来ました。鬼は私の語りかけに応答したのです。物置の中を再び、先ほどよりもやや丁寧に見直したのですが、同じように死角に隠れているわたしに気がつかないで出て行ったのです。「してやったり」という気持ちで満悦。そして、再々度、同じように物音を小さくたてたのです。三度目になると、さすがに鬼も何か「いる」と直観するというところに留まってはいません。こうなるともうそれは何かが「いる」という直観ではなく、

「誰かが必ずこの物置の中に『いる』」と確信します。鬼の心の中には、そのような悪ふざけをするのは誰であるかという具体的なイメージがあるからです。三度物置の中に入ってきて探索するのです。さらに注意深く丁寧に。やがて鬼は私を発見し「みーつけた」と指さしましたが、指さしたのは私ではありませんでした。鬼が指さしたのは、物置の中に置いてあった自転車のバックミラーに映った私の姿だったのです。彼は、彼が思っても見なかった小さなミラーの中に私の姿を見出したのでした。

鬼が見、観察し認識した物置小屋の閉ざされた小さな世界の中に私はいませんでした。しかし、わたしが彼に「私はここに『いる』」と呼びかけるかすかな物音に反応し、鬼は何かが「いる」と直観し、再び物置小屋を探すのです。そんなことが繰り返されるうちに、鬼は「ここに何かいる」という直観を「奴は『いる』」という確信に変えたのです。そのとき「鬼」は、物置小屋という閉ざされた小さな世界を熱心に探し直します。自転車のバックミラーの中の「見つけてみろよ」と呼びかけたわたしを見出すのです。もちん、バックミラーの中の私は私自身ではありません。ただ映し出された私です。このバックミラーが、いうなればが**特殊啓示**のようなものであり、私がたてた物音が**普遍啓示**だと言えます。その関係が、**普遍啓示**と**特殊啓示**とによって築かれる啓示の構造であると言えます。つまり、**神**は見えるところ、すなわち五感において認識し把握できる世界の中に見出すことはできないのですが、確かにわたしたち人間に「私は**ある**」と呼びかけておられるのです。その呼びかけを通して、わたしたちは**神**の「**ある**」を直観します。神を探求する中で、聖書やイエス・キリストといった**特殊啓示**を通して具体的に神を認識するのです。

この章では「**普遍啓示**」を取り扱うわけですが、それは概ね三つのアプローチによって神の存在をわたしたちに直観させます。**普遍啓示**は、神がわたしたちの直観に囁《ささや》く**神の言葉**の語りかけです。それは自然を通して、人間を通して、歴史を通しての三つです。

自然を通してわたしたちが神を直観するとは、人間が自然に向き合う時に、人間が直観的に感じる自然の壮大さから生じる感覚です。その感覚をわたしたちは哲学的に分析することで神を認識する事へ導くのです。世界に存在する事物を観察し、それらを通して思惟し、類推することで神の存在を知るアプローチです。

また、人間という**存在者**そのものを通して神に迫るアプローチは、人間が**神の像**《かたち》に作られているからこそ可能となります。人間は、その存在の内側に宇宙の諸要素を内包する小宇宙（ミクロコスモス）をもつ存在であると言われます。人間を取りまく宇宙（マクロコスモス）と人間の身体的要素とを対比させ、その類似性をもって人間をミクロコスモスと呼ぶのです。ミクロコスモスとしての人間は、単に身体的な側面だけではありません。生物としての人間は小さな存在ですが、宇宙の果てまでも思い描くことができますし、世界の歴史の終わりまでをも思い廻らすことができます。その意味では、人間の精神の内側に宇宙をもつミクロコスモスと言えるのです。

その人間から神の存在を直観すると言うのは、人間そのものの内側にある神秘からの働きかけであると言えるでしょう。また、人間本性は、より善いものになろうと願う思いがあります。そのような人間の特性は、人間の他の被造物に優る卓越した性質であり、徳の性質と呼べるものです。そのような人間の本性の現れは、**神の像**《かたち》によるものであり、**神の像**《かたち》こそが人間の本性と言えます。だからこそ人間を通して、神を類推し、神を神人同形論（英：Anthropomorphism《アンソロポモルフィズム》）的に認識するのです。

歴史を通して神に接近するアプローチですが、そこには、歴史は秩序正しく流れる時間の中で、ある一つの方向に向かって進んでいるという漠然とした歴史感覚が背後にあります。それは、歴史における予定調和的な決定論ではなく、神と人との協働作業によって紡がれる歴史です。その歴史の背後にある神をわたしたちは類推し、歴史の背後に神の存在を直観して読み取り、歴史を通して語りかける**神**を見い出していくのです。この三つのアプローチを主題としてとりあげていきます。[68]

## 第二節　「自然を通して」語りかける神

68この三つの主題の区分は、小林和夫『栄光の富Ⅰ』、日本ホーリネス教団、１９８７年のものを援用した。

神は「自然を通して語りかける神」です。ヘッシェルは、『人は独りではない』のなかで、人間は自然や物事に出会ったとき、二つの能力をもって自然や物事を理解すると述べています。一つは、それが何であるかを理解しようとする能力であり、もう一つは、その出会った自然や物事に対して「驚き」を感じるという能力です。[69]それが何であるかを理解するのは知性[70]のもつ能力であり、「驚き」を感じるのは霊[71]のもつ能力であるといえます。

壮大な自然に出会うと、わたしたちは「わぁー、すごい」と驚きます。しかしこのとき、「わぁー」と第一声を上げたとき、何が「わぁー」で何が「すごい」のかを具体的に考えているわけではありません。それが何かは言い表せないけれども、わたしたちの魂が言葉では言い表せない「驚き」を感じ、感嘆の声を挙げているのです。言い換えれば「驚き」とは、言葉では「言い表わせないもの」に触れることのできる能力であると言えます。その「驚き」のなかで、何か畏れ多い崇高で「言い表わせないもの」を感じ取ることができるのだとヘッシェルは言います。この「驚き」を感じる能力は、人間の霊がもつ能力、すなわち霊性がもつ感性であると言ってもよいものなのです。

「驚き」の感情は、わたしたちが自然の壮大さや壮麗さ、あるいは自然の仕組みの精巧さを通して、言葉では言い表せないものと出会うことで感じる霊の感動ですが、「言葉で言い表せないもの」を、わたしたちは神秘と呼びます。その神秘の背後に、わたしたちは崇高な超越者の存在を感じるのです。そして自然界の中には様々な神秘が潜んでいます。もちろん「驚き」の感情は、単に「驚き」で終わり、感動に終わってしまうことも少なくありません。それは自然を対象化して観ているからです。自然を対象化し、主観・客観の構造で観ている限り、わたしたちは、どんなに自然の壮大さや壮麗さに触れても、そこから神的な存在に思いが至らないこともあり得るのです。

それに加えて、文明の発達と科学の進歩は、わたしたちの世界の様々なことを明らかにし、自然の中にあるそれまでさまざまな神秘的なものが何であるかを、知性の働きのもとに明らかにしてきました。そのお陰で、神秘そのものも科学的な思考や知性によって明らかになるように思ってしまっているのではないでしょうか。しかし、神秘と神秘的なものとは明らかに違うものです。それ

69 前出、ヘッシェル『人は独りではない』、19―21頁の「理性と驚き」の項を参照。

70 この知性という言葉は、ヘッシェル自身の表現では reason となっており、本来なら理性と訳されるべき言葉である。実際、邦訳では理性と訳されている。先に本書では理性と知性とを区別すべきことを述べた。その区別に従うならば、ここでヘッシェルの言う reason（理性）は知性に区分した方が良いと思われる。そこで、本文ではヘッシェルの言う reason に対する理性という邦訳を知性に置き換えている。

71 この霊という言葉は、原書では mind である。邦訳では「こころ」という言葉が用いられている。ヘッシェルは mind とは別に soul（魂）という言葉も使うが soul と mind は、異なるものである。本書では、先にエラスムスの霊・魂・肉（身体）という人間の三区分を示した。この三区分における魂は人間の自由意志を現わすものだが、ヘッシェルのいう「こころ」とは異なるものである。むしろ、「こころ」はエラスムスのいう霊、すなわち天的なもの、神という存在を求める人間の能力に近い。そこで mind を霊とした。

まで神秘的だった自然の仕組みを科学的に解明することはできますが、解明された仕組みがそこに存在することは、未だ神秘であると言わざるをえません。ですから、仕組みそのものが存在していること自体「驚き」なのです。

その反面、文明の発達と共にわたしたちは科学的な考え方や知性的に物事を考えることが身につき慣れてしまい、取り巻く世界に神秘があること自体を忘れてしまっているのかも知れません。さらにはそれらを「驚く」ことさえ忘れ去る事態に陥っているかもしれないのです。せっかく知性の働きを超えて言い表すことのできない神秘を直観し、それに「驚き」、崇高なものを感じ取る霊の能力が与えられているのに、神の存在や様々な宗教的現象に関して、心理学や社会学といった学際的成果を用いて知性的に説明できる事柄へと還元して考えているのが現状ではないでしょうか。

しかし、自然の中にある神秘に驚き、崇高な存在や超越者を感じ取る能力が与えられていることをわたしたちは忘れてはなりません。**神**は自然を通して、神自身の**存在**を現しておられるからです。**神**の**存在**を感じ取るために、**神**は、わたしたちに主観・客観という知性による認識構造を突き抜けた先にある能力である霊性を与えているからです。**神**は、**普遍啓示**を通してわたしたちに神の存在を知らせようとしているのです。

このような神の働きかけを、マルティン・ブーバー（Martin Buber, 1878 - 1965）は、「垣間見の窓」と呼びました。[72] ブーバーは、**神**と人間の関係を「汝《なんじ》と我《われ》」で表現します。この「汝と我」の関係は、認識における主観・客観の二元論的対立構造の関係ではなく、汝があってはじめて我が存在し、我があってはじめて汝が存在する不可分な二重性をもつ人格関係です。ブーバーの言う「汝と我」の関係は、他者でありつつ、決して相手を「それ」として対象化できない一体化した不可分の関係です。この関係においては、「汝」の中に我があり、「我」の中に「汝」があります。それは、ヘッシェルが「**神**について思惟するということは、**神**をわれわれの心の中の一対象として見出すのではなく、**神**の中にわれわれ自身を見出すことである」[73]という事態であると言えるでしょう。神と人間とが、「神と人間」という対《つい》における主観・客観の構造でとらえられるのではなく、不可分な存在として考えられています。それこそが、洗礼や**聖餐**が目指すところの秘儀《ミステリオン》なのです。

わたしたちが自然を知性によって分析的に認識するとき、それは自然を対象化して観ていることです。それゆえに、わたしと自然の関係は、二項対立的な「我とそれ」という主観・客観の構造のもとにあります。この「我とそれ」という関係は、人間の認識の在り様によって起こるものです。人が、物を認識する際には、たった今、現前にある事象を過去の経験と比較し、その上で「これは何である」と言葉化し認識します。先に紹介したヘッシェルは次のように述べています。

---

72 マルティン・ブーバー『汝と我・対話』、植田茂雄訳、岩波文庫、1993年、93頁。
73 前出、ヘッシェル『人は独りではない』132頁。

考えるということは、決してその事柄と共時的なことではない。考えるということは、以前起こった知覚の過程に従うものだからである。わたしたちはわたしたちの思考の中で、すでに終わってしまった事柄を取り扱っている。――中略――わたしたちは、既に知っていることを光として現在を照らしながら物事を見ている。[74]

またブーバーもこれと同様なことを述べます。

根源語〈われ―それ〉の〈われ〉、すなわち、〈なんじ〉と向かい合わず、多様な〈内容〉にかこまれている〈われ〉は、たんなる過去であって、現在ではない。言葉をかえていえば、人間が利用する事物で満足しているかぎり、彼は過去にのみ生き、瞬間瞬間は現在の中にいない。現在は対象としては何も持たぬ。対象はじつに過ぎ去ったものの中にある。現在とは消えやすく、過ぎ去りやすいものではなくて、つねに〈そこに居合わせるもの〉であり、〈持続するもの〉である。対象は持続ではなくて、静止せるもの、休止せるもの、中絶せるもの、孤立し硬化せるもの、関係や現存の欠如である。真の存在性は、現在の中に生かされ、対象性は過去にある。[75]

ヘッシェルもブーバーもユダヤ人の思想家ですが、ユダヤ人が神に向き合ってきた長い歴史の中で築き上げられた認識論の深淵さに驚嘆せずにはいられませんが、同様な認識論を、わたしたちはポストモダンにおける「差延《さえん》」（哲学者ジャック・デリダによって考案された「語でも概念でもない」とされる造語。）の中にも見い出せます。いずれにせよわたしたちが、この「我とそれ」という知性にもとづく主観・客観の認識構造を突き抜けた先に、言葉では言い表せない「驚き」の経験があるのです。自然が人間の知性を超えたところにあるわたしたちの霊に直接参入し、わたしたちの霊も自然の中に溶け込んだ中で自然を心で感じるときに起こる経験です。

この、自然の人間の霊あるいは意識への直接的な参入や人間の霊と自然とが一体に結びつく「驚き」の経験は、日本人の霊性の中に深く根差す感覚だと言えます。先ほど紹介した[76]「なにごとのおはしますをば 知らねども かたじけなさに 涙こぼるる」という歌や「天照《あまてらす》、月の光は神垣や、注連《しめ》縄《なわ》の内と外なし」という歌に現れ出る体験などはその一例です。

最初の歌で歌われる「なにごとの おはしますをば 知らねども」の「なにごとの」は対象化される以前の畏れ多さを感じるのみの存在です。

---

74前掲書、ヘッシェル『人は独りではない』、16頁。
75前出、ブーバー『汝と我・対話』、21頁。
76本書一章一節を参照。

ブーバーは、この「なにごと」を「永遠の汝」とよび、ヘッシェルは、「言い表せないもの」と呼びます。それは、わたしたちが、普段の日常生活の中で何気なく対象化して認識している自然が「垣間見の窓」となって、現象としてそこに存在する自然や事物を透過し、その先にある自然や事物の本質さえも通り越した先にある「**ある**」[77]という**存在**なのです。つまり、超越者は自然を自らの中に包み込み、自然の外側から自然を透過する「言葉では言い表せない超越者」、あるいは神的な存在として自らの神性を自己開示するのです。そのことを、後の歌は「月の光は神垣や、引く注連《しめ》縄《なわ》の内と外なし」といって、月の光という自然が、注連縄《しめなわ》で区切られた聖域の中にある神を映す鏡、あるいは指し示す指となるのです。このように自然を通して働く**普遍啓示**の働きは、その神的な存在の神性を看取させる神秘的な**宗教経験**なのです。

わたしたちは、自然を通して名もなき超越者である神的な存在を、「驚き」を通して感じ取ることができる稀有な被造物です。それゆえに**神**は、わたしたちを取り巻く**世界**を通して、自分自身の「**ある**」を示し、それをわたしたちに直観的に感知させ、**神**の啓示として心に感じとらせるのです。

これに対して自然を観察することを通して超越的存在にたどり着く別の試みがあります。自然を観察し認識するところから出発し、その認識を用いて類推的に**神**の存在を見い出そうとする知性による試みです。たとえば、宇宙論的神の存在証明というものがあり、次のような論理構成となっています。「パソコンであろうと車であろうと、絵画であろうと必ずそれをつくり出した者がいます。

つまりこの世界（宇宙）にある事物・事象には、必ずその原因となるものがあり、この宇宙も誰かの創造の業《わざ》であり、その創造者が神である」といったものです。このような論理の立て方は、アリストテレスの作用因の応用であり、かつ因果律に立った三段論法を用いた論証法で、トマス・アクィナス（Thomas Aquinas, ca. 1225 - 1274）等によって用いられている神の存在証明の方法です。

この自然のもつ法則や精巧さに目をとめ、このような精巧さと秩序をもって自然が造られているその背後には、神がいるからだとする目的論的神の存在証明といったものもあります。現代におけるインテリジェント・デザインという考え方もこの発想に基づいていると言えるでしょう。しかし、これらの神の存在証明は、経験可能な**世界**の事象を用い、それを踏み台にしてそこから跳躍し、経験不可能な超越世界に参入して神は存在するという結論に導くもので、そこには論理の飛躍があるため、証明としては欠陥があると言わざるを得ません。

このような証明としての不完全さは、すでに18世紀にインマヌエル・カント（Immanuel Kant, 1724 - 1804）の『純粋理性批判』によって指摘されており、[78] この論理による神の存在証明は不可能であると言わざるを得ないもので、疑似科学であると言われても仕方がない面があります。しかしそれでもなおこれらの論理が、一見するとあたかも正しく、証明が成立しているかのように思えるのは、

77前出注11の出エジプト記三14のヘブル語の אהיה אשר אהיה（エヒィエー・アシェル・エヒィエー）。

自然を通して、人間を超越した何者かが「いる」という直観があるからです。実証主義に基づく科学的思考においては、客観的事実としては認識できず正しいと言えない論理が正しいと思える背景には、その前提として、「言い表せないもの」あるいは「永遠の汝」といった神の存在を直観させる普遍啓示の働きがあるからなのです。先の宇宙論的神の存在証明も、目的論的神の存在証明も、科学的事実としての神の存在証明にはならないのですが、啓示的な事実としては受容されているのです。新約聖書のローマの信徒への手紙1章19節、20節に記された次のような言葉もまた、啓示的事実としてとらえるものだと言えるでしょう。

なぜなら、神について知りうる事柄は、彼らには明らかだからです。神がそれを示されたのです。神の見えない性質、すなわち神の永遠の力と神性は、世界の創造以来、被造物を通してはっきりと認められるからです。したがって、彼らには弁解の余地がありません。

この聖書の言葉は、わたしたちがこの世界にあって、目に見えるもの、耳に聞こえるものを通して、神の見えない本性を知ることができると言っています。つまり、自然の壮大さや壮麗さ、あるいは自然界の様々な精巧な仕組みといったこの世界の事物から、神の存在を直観し、それにもとづいて論理的推論を立て、崇高な存在や創造主の存在、あるいは永遠の存在に至ることができるというのです。このように、わたしたちを取り巻く**世界**を通して現される**神**の啓示を認めるとき、はじめて次の聖書の言葉が、神の前に立つ人間の実存的理解として目に留まります。

天は神の栄光を語り、大空は御手の業を告げる。昼は昼に言葉を伝え、夜は夜に知識を送る。語ることもなく、言葉もなく、その声は聞こえない。その声は全地に、その言葉は世界の果てにまで及んだ。そこへ神は太陽のために幕屋を張った。太陽は花婿のように祝いの部屋を出て、勇者のように喜び勇んで道を駆け抜ける。天の果てを出で立ち、四方の果てまで行き巡る。何一つその熱から隠れるものはない。（詩編一九2―7）

この詩編の言葉は、広大な天空を見てただ感心しているのではなく、その背後にあって、この広大な空をお造りになった**神**の偉大さに驚き、また、日が昇り沈んでいく様子に**神**の創造の業をとら

78カント『純粋理性批判・中』篠田英雄訳、岩波文庫、2020年、259―304頁にある先験的弁証論・第二篇第三章純粋理性の理想第三節―第七節を参照。とりわけ、経験可能なこの世界から経験不可な超越への飛躍に対する批判は275頁。そこには「そして因果律は、感覚界以外ではまるっきり意味を持たないし、また使用され得るというなんらの標徴ももつものではない。ところが宇宙論的証明は、感覚界を超出するために因果律を使用するのである」とある。なお感覚界とは経験可能な世界のことである。

え、同時に日の光がすべての人を照らすのを見て、神の恵みがすべての人に注がれていることを見い出しています。神はわたしたちを取り巻く世界に存在している自然を通して、神の存在を直観させることによって、その存在を現しています。そしてこの詩篇19篇を書いた詩人も、自然の中の神秘を感じ取って驚き、そこから神の存在を感じ取っているのです。

## 第三節　「人の存在を通して」ご自身を表わす神

神は自然を「垣間見の窓」として用い、ご自身を現わします。すなわち、神は自然の中にあるすべての事物の本性をも透過して「私は『わたしはある』というものである」と語りかけているのです。この神を、ヘッシェルは「言い表せないもの」と呼び、ブーバーは、「永遠の汝」と呼び、ハイデッガーは「存在」と呼びます。これらの呼び名は、キリスト教の普遍啓示の視点から言えば、キリスト教が神という名で呼んでいる存在と置き換え可能な概念であるといってもよいものです。

その「垣間見の窓」である自然には人間も含まれています。にもかかわらずわたしたちは、自然を観察の対象とし、かつ人間を取巻く生活環境としてとらえています。そのようにして人間と自然との間に一線を引いているのです。また、「人間は万物の霊長である」[79]という言葉に現れているように、自然に対して、人間が優位にある特別な存在とみなす傾向があります。この人間を特別にとらえる感覚は、人間がもつ理性や知性や道徳心といったものに支えられています。これらの特性において、人間は他の被造物にまさる卓越性を有しているように思われ、わたしたち人間は、自らを自然と区別して考えてきたと言えるでしょう。

近年のエコロジーの理解においては、人間は地球共同体の一つとして自然の中に含まれ、自然の中の一つの存在としてとらえられています。しかし、私が述べる「自然に人間も含まれている」ということは、自然と人間とが地球共同体の一つとして相互依存的に結びついているという意味ではなくて、先に述べた人間と自然との結びつきの中でとらえられる「驚き」の感覚を生み出す、自然に魅入《みい》られ、自然の壮麗さに引き込まれていくような一体感です。

「驚き」は、観察可能である自然が対象化されず、そこに立ち現れてくる超越者である**神**の『わたしは』ここに『ある／いる』」という言葉を直観として聞き取ることなのです。

この「驚き」を媒介とする人間と自然の関係性は、聖書において見られるもので、創造者（**存在**）と被造物（**存在者**）という関係において現れます。すなわち、人間もまた**神**が創造された被造物の

79 野村茂夫『書経』、明徳出版、２０１３年、127−131頁の周書・泰誓を参照。

一つであり、自然の中に存在する共通の存在の根拠をもつ存在です。その意味では、人間は自然に対して支配者でもなく、優位な存在でもありません。人間は、ただ**神**によってその管理を委託された存在なのであって、自然を資源として自由に使ってよいというわけではないのです。ここにキリスト教における環境問題の議論がよって立つ土台があります。そのように被造物である人間を取巻く自然が、**神**を現す「垣間見の窓」であるとするならば、同じ被造物である人間もまた、一つの自然として**神**を現すものであると言えるでしょう。

多くの宗教において神は、しばしば擬人化されています。マルクス主義では、唯物論を背景に下部構造が上部構造を決定すると考えますが、このような唯物論的思想に立つならば、神の擬人化こそが神が想像の産物であるという決定的な証拠となるものです。人間という物質的存在（下部構造）の思いが神という形而上学的存在（上部構造）を産み出したがゆえに、神は人間が想像できる範囲内の姿として描かれるからです。しかし、仮にそうであっても（もちろん、キリスト者である私は決して「唯物論」を支持しませんが）、人の心に神を想う思いがあることは、マルクス主義における唯物論でも認め得る観察可能な事実であるといって間違いがありません。

人の心に神を想う思いがあるからこそ、**神**は人間の心に直接に切り込んでこられます。人は、**神**の語りかけを、「**神**かく語れり」として感じ取ることができるのです。そこに、他の被造物とは異なる人間の特異性があり、そこには、善いものとなることを欲する理性（霊である**神の像**《かたち》）という人間本性があるのです。それは、聖書が語るところでもあり、コヘレトの言葉（伝道の書）三章一一節には次の言葉が記されています。

**神**はすべてを時に適って麗しく造り、永遠を人の心に与えた。（**ゴチック体**は濱による）

永遠とは超越です。超越とは、わたしたちが住む**世界**を超え、隔絶しています。この**世界**に存在するすべてのものは不変ではなく、移ろいやすく、やがて消えていくものです。ワーズワースは、それを草の輝きと花の美しさの中に見ましたが、[80]この**世界**の中にあるすべてのものは、有限な存在なのです。それゆえに永遠は、この**世界**に超越します。キルケゴールは、永遠は時間的概念としてではなく、この**世界**にあるものとの質的な違いであると指摘しました。いずれにせよ、わたしたち人間がこの**世界**に属する限り、永遠は絶えずわたしたちに対して超越するのです。

聖書はその永遠を思う思いが人の心に与えられていると言います。ここには**世界**内存在の人間と超越とが共にいる「超越／内在」の構造があります。それは滝沢克己が「インマヌエルの原事実」と呼んだ人間の存在を根底で支える出来事であり、人が**神の像**《かたち》に造られたということの証左です。

80 W・ワーズワースの詩「幼年時代を追走して不死を知る頌」を参照。この詩は『ワーズワース詩集』田部重治選訳、岩波文庫、1957年、162—176頁にある。当該箇所は174頁。

それゆえに、人は**神**を想うことができるのです。私は、先に**神**の語りかけの言葉に対して応答する人間の応答性が、人間の内にある**神の像**《かたち》によるものであると述べましたが、まさにこの**神の像**《かたち》ゆえに、人は神を想い、**神**もまた人に語りかけるという啓示の構造をそこに見出すのです。**神**が人の**神の像**《かたち》を通して、その人自身に語るのです。私自身があの被災地で頭に響きわたった言葉は、まさに私の内にある**神の像**《かたち》を用いて**神**が叫び声をあげた出来事だったのです。「それでも**神**はいる」と。

その**神の像**《かたち》について述べている創世記1章26節、27節は、先にも挙げた通り次のように記されています。

> **神**は言われた。「**我々**のかたちに、**我々**の姿に人を造ろう。そして、海の魚、空の鳥、家畜、地のあらゆるもの、地を這うあらゆるものを治めさせよう。」**神**は人を自分のかたちに創造された。**神のかたち**にこれを創造し、男と女に創造された。（**ゴチック体**は濱による）

言うまでもありませんが、創世記1章、2章は**神**が天地創造をなされた物語が記されている箇所です。その中で、人間の創造に関してだけ他の被造物の創造と違う特別な記述があります。一つは「**神**である主は、土の塵で人を形づくり、その鼻に命の息を吹き込まれた。人はこうして生きる者となった。」（創世記二7）であり、もう一つが、「**我々**の**かたち**に」造られたことです。これらに関しては、いずれも人間が**神**と深い関わりの中で存在しているものであることを、教えてくれます。中でも、人間が**神の像**《かたち》に造られたことは、人間の存在の中に**神**をイメージさせる何かがあることを示しています。この**神の像**《かたち》という言葉は、神学の世界では、ラテン語で imago《イマーゴ》 Dei《デイ》 と言われています。imago《イマーゴ》 がイメージという意味で Dei《デイ》 とは神（Deus《デウス》）の属格で「神の」という意味ですが、人間はまさに**神**のイメージに似せて造られた存在になります。ですから人間は神を想い、神を問い、神を求める存在です。その**神の像**《かたち》に、**「存在」**それ自体である**神**が、わたしたちに**神の言葉**を語りかけるのです。わたしは「**ある**」と。であれば、いったい人間の何が、**神**をイメージさせる**神の像**《かたち》であるといえるでしょうか。

　この**神の像**《かたち》が何であるかに思いを馳せる道はいくつか挙げることができます。エミール・ブルンナー（Emil Brunner, 1889 - 1966）は、**神の像**《かたち》は言葉であると言いました。この場合の言葉は、単に情報伝達のための言葉というだけではなく、物事を抽象化する言葉であり、概念化する言葉であり、思惟する言葉を内包しています。この言葉を駆使する能力をもって、人はコミュニケーションを行ない、人格的な関係を生み出していきます。それゆえに人間は、**神**に対して応答すべき存在となるのです。このように人間は言葉を語り、言葉を聞き、言葉を駆使する存在として造られています。[81] それは紛れもない事実なのです。

　それに対してカール・バルト（Karl Barth, 1886 - 1968）は、ブルンナーの見解には否定的です。バルトが、ブルンナーとの間に**神の像**《かたち》を巡る激しい論争を展開したことは周知の通りです。[82] バルトは、この**神の像**《かたち》を男と女の関係の中に見い出そうとします。創世記1章26節に続く27節に「**神**は人を自分のかたちに創造された。**神**のかたちにこれを創造し、男と女に創造された」とあるからです。バルトは、先にあげた創世記1章26節の「**我**々のかたちに」の「**我**々」という複数表現に着目し、**神**の内にある三位一体の交わりの類比として、男と女の愛し合う関係をとらえるのです。また人と**神**とが向き合う存在として造られていることの類比としても見ています。このようにバルトは、**神の像**《かたち》を、三位一体の**神**の間にある愛の交わりに似せられた関係としてとらえているのです。[83] このような愛の交わりということ自体、「愛」という抽象概念を現わす言葉の上に成り立つコミュニケーションであり、「愛」という言葉で認識される行為の総体であって、その根底には、「愛」という抽象概念を成り立たせる言葉があることは忘れてはならないでしょう。

**神の像**《かたち》は、他の被造物とは違って人間だけに与えられたものです。このことは、**神の像**《かたち》を考える一つの契機としてとらえられることがあります。すなわち、人間と他の被造物と違う点をとらえて**神の像**《かたち》が何であるかを見出そうとするのです。このような方法から引き出される**神の像**《かたち》は、**神**やよりよい「善」を求める人間の霊の能力である理性、物事が何であるかを考え認識する知性や生き方の善し悪しを判断する道徳心として理解されます。これらも、言葉によって支えられているのです。

この理性、知性や道徳心といった他の被造物に優る人間の特性から、**神**の存在を知ろうとする試みがあります。「道徳論的神の存在証明」と呼ばれるもので、前出の宇宙論的神の存在証明や目的論的神の存在証明を否定したカントに見られる神の存在証明です。

カントは、人間の経験知で探求できるものと探求できないものの間に明確な境界線を引きました。このカントの区別において、超越的なものは人間の経験知では探求できないものとして、人間の知性の外に置かれました。その著『純粋理性批判』は、カントの態度の表明であるといえます。

81もちろん、我々は生まれながらにして言葉に障がいをもっておられる方のことを忘れてはならない。私は生れながらに発語ができない方が、言葉をもっていないなどとは思ってはいない。チョムスキーが生成文法という言葉で指摘したように、すべての人は言葉に対して開かれている。そしてハイデッガーが正しく指摘しているように、我々人間が言葉をもつのではない。言葉が人間をもつのであり、言葉は人間において自らを発っするのであって、言葉に障がいがあり、生まれながら言葉を発することができない障がいをもっておられる方も、言葉がその人の存在において語る。その言葉は、ラングでもパロールでもエクチュールでもなく、我々の心に直接切れ込んで語る原言語、あるいは存在言語というようなものである。

82バルトは、ブルンナーの「**神の像**」は人間の堕落によって実質的には破壊されているが、形式的には残存しており、それゆえに、**神**に対する責任応答性が可能であるとした見解に対して否を突きつける。バルトによれば、人間の「**神の像**」は完全に破壊されており、それゆえに神と人間の間には完全な断絶があるという。この**神**と人との間の断絶が、バルトのキリスト中心主義の基盤にある。

83カール・バルト『カール・バルト教会教義学　創造論Ⅰ／１　創造の業〈上〉』吉永正義訳、新教出版社、１９８４年、207―215頁を参照。

もとより、神は人間を超越した存在ですから、神についての経験知による考察は、『純粋理性批判』においては放棄されるものです。このようなカントの姿勢のゆえに、先に指摘したアリストテレスの三段論法を駆使した神の存在証明に論理的飛躍があることを指摘できたと言えますし、もはや神は、知性外に置かれた知られざる謎の存在なのです。

しかしカントも、具体的な人間の生の場においては、神の存在を認めるのです。人間は観察可能な存在です。ですから人間の生の営みは、経験知として知られ得るものであり、人間がもつ知性や道徳心というものが、他の被造物に優って卓越した素晴らしいものであることを知っています。カントは、そのような人間の卓越性の中でも特に道徳心に着目し、その道徳心の根源に神の存在を見たのです。この時、神の存在を、人間の経験知に先立って人間に知られる証明不可能な先験的（アプリオリ）な存在として、人間の道徳心の前提に置いたのです。

もちろん、このように神を人間の道徳心の先験的な前提に置くことは、すでに確定した命題、しかも証明不可能な命題を前提にして、物事をとらえていく演繹《えんえき》的な思考だといえます。このような論理の立てかたは、純粋な意味では科学的ではなく、神の存在証明としての態をなしているとはいえません。しかし、より善いものを求める人間の理性（それはキリスト教的に言えば**神**を求める霊の能力ですが）、経験知を通して物事の本質を考える知性やより正しい生き方を探求する道徳心といった卓越性が、人間を卓越した存在として意識させるとするならば、そこに**神**のイメージすなわち**神の**

表面に ご住所・ご氏名等ご記入の上ご投函ください。

●今回お買い上げいただいた本の書名をご記入ください。
書名：

●この本を何でお知りになりましたか？
1. 新聞広告（　　　）2. 雑誌広告（　　　）3. 書評（　　　）
4. 書店で見て（　　　　書店）5. 知人・友人等に薦められて
6. Facebook や小社ホームページ等を見て（　　　　）

●ご購読ありがとうございます。
ご意見、ご感想などございましたらお書きくだされぱさいわいです。
また、読んでみたいジャンルや書いていただきたい著者の方のお名前。

・新刊やイベントをご案内するヨベル・ニュースレター（E メール配信・不定期）をご希望の方にはお送りいたします。
（配信を希望する／希望しない）

・よろしければご関心のジャンルをお知らせください
（哲学・思想／宗教／心理／社会科学／社会ノンフィクション／教育／歴史／文学／自然科学／芸術／生活／語学／その他（　　　　）

・小社へのご要望等ございましたらコメントをお願いします。

自費出版の手引き「**本を出版したい方へ**」を差し上げております。
興味のある方は送付させていただきます。
資料「**本を出版したい方へ**」が（必要　　必要ない）

見積（無料）など本造りに関するご相談を承っております。お気軽にご相談いただければ幸いです。

＊上記の個人情報に関しては、小社の御案内以外には使用いたしません。

郵便はがき

| 恐縮ですが<br>切手を<br>お貼りください |
| --- |

113 - 0033

東京都文京区本郷 4-1-1-5F

株式会社ヨベル YOBEL Inc. 行

ご住所・ご氏名等ご記入の上ご投函ください。

ご氏名：　　　　　　　　　　（　　　歳）

ご職業：

所属団体名（会社、学校等）：

ご住所：（〒　　　-　　　　）

電話（または携帯電話）：　　　（　　　　　）

e-mail：

のです。

像《かたち》を見出せると言えるのではないでしょうか。それは、**神の像《かたち》**が生み出す人間の霊性によるものな

これらの人間の卓越した知性や道徳心が、神の存在を証明するとは言えません。しかし、これらの卓越性は、わたしたちに優れた超越的な存在が先験的に存在していることを直観的に悟らせることはあり得ます。事実、明晰な知性をもって物事をとらえようとしたカントですら、**神**を先験的存在としているのです。つまり、**神**は人間とその意識を含む世界に対して先在するのです。ですから神は、人間が知性でその存在を証明し尽くすような存在ではないのです。けれども、わたしたちの意識に先験的にある**神**は、人間に与えた**神の像《かたち》**の働きを通して、道徳心が目指す先にある存在であることを直観させるのです。

さて、ここまで人間が本性的に「善」を求める存在であり、その人間本性こそが、人間のもつ霊性であり、神が人間を創造する際に人間に与えた**神の像《かたち》**ということを示してきました。このような見方は極めて人文主義（ヒューマニズム）的なものであると言えます。しかし、プロテスタントにおいて人文主義は、人間中心主義であるとして敬遠される傾向があります。原罪論に基づいて、人間は徹底的に罪びとであるという人間観が根底にあるからです。確かに、人文主義は人間に関心を向けます。しかし、その関心は必ずしも人間中心主義ではなく、神と共に在る（インマヌエル）人間に関心を寄せるものです。ですから人文主義の人間への関心は、私の内に在る神への関心でもあるのです。

そこで、第五節「歴史を通して」語りかける神に入るまえに、次節の第四節において、人文主義の王者と言われるエラスムスの神学的な人間観を中心にして、人文主義に立つ神学的視点と、哲学的視点や心理学的視点からとらえた人間観を対比しながら示してみたいと思います。仮に人間が「善」を求めるという人間本性を持つのであるならば、表現の違いはあるにせよ、いずれの視点から見てもそのような人間の本性が観察され語られているはずです。そのことを、次節で明らかにしたいと思います。それによって、現代の人間への関心から神への関心の道が開けるという**普遍啓示**のもつ可能性を提示したいと思います。

## 第四節　プラトンからエラスムスそしてマズローへ——哲学的人間観、神学的人間観、心理学的人間観

人間がより善いものを目指す霊性をもっているということは、キリスト教だけでなく古代から中世、現代に至るまで、一貫して観察できる事象です。ここでは、三人の人物を取り上げることで明らかにしていきたいと思います。プラトン、エラスムス、マズローです。この三人は、それぞれ人

間を観察しながら哲学的人間観（プラトン）、神学的人間観（エラスムス）、心理学的人間観（マズロー）を形成します。そこには、一貫して働く「**霊性の働き**」が認められます。

エラスムスは、プラトンの霊肉二元論に着目しました。そこにある理性と情念の関係を、パウロの内的人間と外的人間の関係に重ね合わせながら人間の尊厳性と人間が成長する可能性をとらえています。すなわちエラスムスは、プラトン的な理性をキリスト者の生き方の根幹に関わる霊として受容しますが、彼は、それを単に受容するのではありません。聖書を根拠にして、古典（プラトン）から、まさにキリスト者の生き方を問う「キリストの哲学」を引き出していくのです。その際、重要になるのが、人間の情念です。情念とは、一種のパトス（熱情）です。その情念を、下級なものから高尚なものへと価値づけられた階層的なものとして、彼は見ているのです。

エラスムスは、人間の行動は理性に支配されるか情念に支配されるかによって決定され、その情念には、いくつかの階層があると言います。同様に、近代において人間の行動に対する意思決定を、階層化された欲求によってとらえたのが人間性心理学におけるA・マズローの欲求段階説[85]です。マズローは人間の行動を観察し、分析することで人間の行動の根底に階層化された五つの欲求（生理

84この「理性」は、人間がより善い存在になろうとする上昇に向かう「理性」であって、人間の考える能力である「知性」とは明確に区別されるものである。

的欲求、安全への欲求、所属と愛の欲求、承認の欲求、自己実現の欲求）[86]があることを指摘します。次の表は、そのマズローの欲求の段階とエラスムスの階層化された人間の情念とを対比させた図表です。

| マズローの欲求段階説 | | |
|---|---|---|
| 内容 | 性質 | 分類 |
| 性欲 食欲 睡眠 | 性欲や食欲や睡眠等の生命維持（ホメオスタシス）への欲求。 | 生理的欲求 |
| 安定 秩序 依存 | 不安や恐れから解放され、保護されることへの欲求。 | 安全の欲求 |
| 家族 友人 仲間 | 集団に帰属し、人との愛情に満ちた関係を求める欲求。 | 所属と愛の欲求 |
| 自尊心 尊厳 名誉 名声 | 自分の能力や業績、自己への評価を求める欲求。 | 承認の欲求 |
| 自己同一 | あるべき本当の自己の姿として、自己の持てる能力を十分に発揮することへの欲求。 | 自己実現への欲求および至高経験。[90] |

エラスムスにおける情念の階層

| 内容 | 性質 | 分類 |
|---|---|---|
| 食欲 性欲 情欲 放蕩 嫉妬 | 理性の命令にできる限り抵抗し、家畜の卑しさにまで転落させるある種の抑制のきかない野獣のようなもの。[87] | 抑制のきかない下等な情念 |
| 恐怖 無謀 怒り 勇気 | 抑制すべき情念ではあるが、下等な情念ほど野卑なものではない。[88] | 抑制すべき情念 |
| 家族愛 友情 憐み 尊厳 名誉 | 理性によって制御しやすい情念。[89] | 高尚な情念 |
| 神の像 | | |
| 似像 | キリストとの合一 | 完全な霊 |

右記の表を見てわかるように、エラスムスの階層化された情念の理解と、五段階に階層化されたマズローの言う欲求とは、構造的に類比することが分かります。またエラスムスにおいては、これ

らの階層化された情念が、理性を王に譬え、さらに貴族（高尚な情念）、平民（抑制すべき情念）[91]、野獣（抑制できない下等な情念）といった比喩によって表現されています。これらの階層化された分類には、プラトンの影響が見て取れます。その表現からも分かるように、エラスムスは、階層化された情念にヒエラルキー的な順位を置いて価値づけているのです。同様にマズローもまた、段階化された五つの欲求を、自己実現の欲求を頂点においてヒエラルキー的に配列します。すなわち、自己実現の欲求―承認の欲求―所属と愛の欲求―安全の欲求―生理的欲求といった順で配列するのです。この点においてもエラスムスとマズローは共通しています。もっともマズローがその欲求のヒエラルキーにおいて、相対的に低次の欲求が充足されたのちに高次の欲求が発現すると発展的にとらえているのに対し[92]、エラスムスは必ずしもマズローのように発展的にはとらえず、階層化された欲求が混在し、相克しあう中で霊の完全性を目指すと見ていた点においては違いがあります。いずれにしても、どちらも人間が自分自身のあるべきより善い姿を目指して上昇しようとする点においては一致しているのです。

このように、エラスムスの情念理解とマズローの欲求理解との類似性がみられるなかで、わたしたちが着目すべき点は、エラスムスがこの人間の情念に関して述べている『エンキリディオン』の「内的人間と外的人間」と「情念の相違について」という各章で、自説を主張する際にまったく聖書から引用をせず、聖書を背景とした発言から情念の問題を語っていないということです。にもか

85マズローの欲求段階説が最初に発表されたのは、1943年の論文「人間の動機づけに関する理論」である。その後、この論文は、1954年の著作 Motivation and personality に収められる。この Motivation and personality は1970年に改訂されて第二版が出版されているが、この第二版は小口忠彦によって全訳されA・H・マズロー『改訂新版 人間性の心理学 モチベーションとパーソナリティ』、小口忠彦訳、産業能率大学出版部、2008年(以下『人間性の心理学』)として出版されている。

86この段階化された五段階の欲求のマズロー自身による説明は、『人間性の心理学』55―72頁。

87前出、エラスムス『エラスムス神学著作集』、42―43頁を参照。

88同頁。

89前掲書、エラスムス『エラスムス神学著作集』、42頁を参照。

90マズローによれば、この自己実現の欲求を満たしたものは、たんに自己の追求に終わるのではなく、自己を超えた至高経験に至ると言う。この至高経験の中には、霊性に関わるような神秘的経験が含まれている。アブラハム・H・マズロー『完全なる人間 ―― 魂のめざすもの』、上田吉一訳、誠信書房、2016年、第六章を参照。

91エラスムスは、この平民のような情念を、さらにそれほど野卑でないものと野卑で家畜のようなものとに細かく分けている。それほど野卑でないものとしては、怒りや勇気が挙げられ(『エラスムス神学著作集』、43頁)、野卑で家畜のようなものとしては、情欲、放蕩、嫉妬などが挙げられる(前掲書、42頁)。なお、その対比における類似性を明確にするために、上記の表では本来は抑制すべき情念に属する野卑で家畜のような情念を、便宜上、抑制のきかない情念に入れてある。

92前出、マズロー『人間性の心理学』第六章、145―155頁を参照。

かわらず、エラスムスはこの二つの章で何度もプラトンを用いながら人間の情念について説明するのです。このことは、何を意味するのでしょうか。少なくとも、エラスムスがプラトンを用いて人間の情念を語っているということは、彼が観察する人間観がプラトンの観察する人間観で語り得ることができると考えていたか、プラトンの語る人間観にエラスムスが納得させられているかのいずれかです。しかし、エラスムスが人間を観察する際に、哲学的人間観だけで人間をとらえていたわけでありません。彼の視点はあくまでも神学的です。というのもエラスムスは、『エンキリディオン』の「内的人間、および聖書による人間の二部分について」の章で、パウロの内的人間と外的人間の問題をこの情念の問題と関連づけているからです。そこにおいてエラスムスは、哲学的人間観ではなく、神学的人間観をもってプラトンを見ているのです。エラスムスは、彼の神学的人間観がプラトンの哲学的人間観に映しこまれているがゆえに、プラトンを重視しているのです。それはエラスムスが、次のように考えていたからです。

哲学者たちの中ではプラトン主義者たちに従うほうがよいとわたしは思います。というのは、彼らがきわめて多くの見解において、また語り方の特徴自体においても、預言者と福音書の形態にきわめて近いところに接近しているからです。[93]

この言葉からわかるように、エラスムスは人間の情念の問題については、エラスムスが聖書から理解し解釈する神学的人間観とプラトンが提示する哲学的人間観の間に相通じるものがあると言うのです。エラスムスは、彼自身が神学的視点で観察し認識している人間観が、哲学的視点にたつプラトンの観察する人間観で一般化して語ることができると考えていたと見るべきでしょう。また、エラスムスが聖書の言葉を用いることなく、プラトンの言葉に依拠しつつ人間の情念について語っていること、さらにエラスムスの神学的人間観がマズローの心理学的人間観と類似していることは、神学と哲学あるいは心理学が完全に分断されているのではなく、何らかの連続性があることを意味しています。そこには、**普遍啓示**の可能性が示唆されているのです。実際エラスムス自身、人間の情念について語る際に次のように語っています。

天啓によってこれらすべて（濱注、人間の情念に関わる事柄）を理解していたプラトンは『ティマイオス』において神々の子供たちが自分たちの像にしたがって人間のうちに二種類の魂を作製したことを書き記しています。[94]

93 前出、『エラスムス神学著作集』27頁。
94 前掲書、『エラスムス神学著作集』42頁。この二種類の魂がエラスムスのいう霊と情念である。

つまり、エラスムスはプラトンが提示する哲学的人間観の背後に、天啓という表現で**普遍啓示**の働きを見ているのです。このような古代ギリシア文化の中に神の啓示があるという理解は、エラスムスだけでなく、古代教父のユスティノスがソクラテスやヘラクレイトスをキリスト教徒と見なしたことの中にも見ることができます。彼らは、ロゴスに従って生きたとみなされたからです。[95]

このようにエラスムスがプラトンを見る視線に沿ってわたしたちがエラスムスとマズローを見るとき、マズローの欲求段階説とエラスムスの階層化された情念との間にある、きわめて高い構造上の類似性を見てきました。人間が本来あるべき姿に向かい上昇的に生きる存在であるという心理学的人間に対する現代的理解が、エラスムスが神学的人間理解を通してみた聖書を通してとらえた人間観と「救い／掬い」の業《わざ》の中にも見ることができることを意味しています。ギリシア哲学や同じギリシア文化の中にあるイソクラテス（Isocratis, BC. 436 - BC. 338）を祖とする修辞学[96]の中にも見られるものです。だとすればマズローの欲求段階説は、人間存在の中に見出される人間の本来あるべき生き方を指し示す**普遍啓示**的内容を有し、人間存在の神学的理解の準備段階としての意義をもつということができます。[97] それは、人間が**神の像**《かたち》をもつ者として創造されたことがもたらす必然的結果だと言えます。

## 第五節　「歴史を通して」語りかける神

　先述しましたようにブーバーの言葉を借りれば、名もなき超越者である神的な存在である「永遠の汝（神）」は、自然を「垣間見の窓」として存在を現わしており、これが**普遍啓示**の神学思想です。「垣間見の窓」としての自然は、わたしたちを取り巻く環境として切り取られた静的な自然だけではありません。出来事として起こってくる動的な自然、すなわち歴史もまた名もなき超越者である

95ユスティノス『キリスト教教父著作集・第一巻』、柴田有、三小田敏雄訳、教文館、1992年、62—63頁にある「第一弁明」四六3—4を参照。そこには、「ですからロゴスに与って生活した人々は、たとえ無神論者と見なされた場合でも、キリスト教徒なのです。たとえば、ギリシア人ではソクラテス、ヘラクレイトス、および同傾向の人々。また夷人の中ではアブラハム、ハナニヤ、アザリヤ、ミシャエル、エリヤその他の人々がそうです」とある。

96修辞学は、単なる弁論術のように見られ、事実プラトンもそのように評するが、その祖イソクラテスが意図したものは、よい文章を学ぶことを通して、そのよい文章を生み出すよき考え方や思想を学ぶことである。

97もちろん、マズローの欲求段階説がキリストの救済と同じものではない。私が言わんとしているのは、エラスムスの、創造の業の完成という視点からとらえた神の救いの構造を説明する際に、マズローを有用に用いることができるという意味で、宣教学の方法論上の準備段階としての意味をもつことである。この準備段階としての意義については、第五節を参照。

神的な存在を現わしているのです。そこには、歴史に働きかけ、歴史を導く者がいるという歴史観が横たわっています。

この歴史の出来事の背後を導く神的な存在に対する洞察の多くを、わたしたちは、神話の世界の中に見出すことができます。ギリシア神話やギリシア悲劇では、運命論的な物語が展開されます。もちろん神話は当然のこととして、ギリシア悲劇も戯曲であって、現実そのままの歴史ではありませんが、運命的な物語の背後には、まぎれもない生身の人間の物語が潜んでいます。その物語にわたしたちが引き込まれるのは、神的な存在によってもたらされる運命的な物語の中に、自らの物語を重ね合わせるようにして読み取っているからです。

神話や古代ギリシアの悲劇は古代人の感性であり、わたしたち近代人の知性にはなじまないものとしても、簡単に退けることはできません。なぜならば、それらはジャンル的には文学だからです。今日の文学やアニメの世界においても運命的な物語は描き出され、それらの作品が受け入れられています。とすれば、古代人の感性に基づく物語は、近代人の感性によって生み出される物語の中に息づいているとも言えるでしょう。現実において、ある出来事の背後に、摂理的とも思われる超自然的な力が働いていると感じる不思議で奇跡的な出来事に出会うことがあるのではないでしょうか。そのような出会いの中で、わたしたちは、そこに神的な超越者の存在を感じるのです。

もちろん、出来事の評価は様々です。それを偶然と言って、神的な超越者の存在があることを拒絶することも可能です。逆に、すべては何らかの因果関係に基づく必然であるということもできるかもしれません。しかし、聖書は歴史に働きかけ、歴史を導く神という歴史観をもって物事を見る視線を受け入れています。使徒言行録17章24節－28節には、次のような記述があります。

[24]世界とその中の万物とを造られた神が、その方です。この神は天地の主ですから、人の手で造った神殿などにはお住みになりません。[25]また、何か足りないことでもあるかのように、人の手によって仕えてもらう必要もありません。すべての人に命と息と万物とを与えてくださるのは、この神だからです。[26]神は、一人の人からすべての民族を造り出して、地上の全域に住まわせ、季節を定め、その居住地の境界をお決めになりました。[27]これは、人に神を求めさせるためであり、また、彼らが探し求めさえすれば、神を見いだすことができるようにということなのです。実際、神は私たち一人一人から遠く離れてはおられません。[28]私たちは神の中に生き、動き、存在しているからです。皆さんのうちのある詩人たちも、「我らもその子孫である」と言っているとおりです。（傍点は濱による）

この聖書の箇所は、パウロのアテネでの説教（アレオパゴスの説教）の一部です。ここには翻訳上の問題があります。この説教の中でパウロは「神は、一人の人からすべての民族を造り出して、地上の全域に住まわせ、季節を定め、その居住地の境界をお決めになりました」と言っていますが、この箇所を口語訳聖書は「また、ひとりの人から、あらゆる民族を造り出して、地の全面に住まわせ、それぞれに時代を区分し、国土の境界を定めて下さったのである」と訳し、新改訳２０１７では「神は、一人の人からあらゆる民を造り出して、地の全面に住まわせ、それぞれに決められた時代と、住まいの境をお定めになりました」となっているからです。この違い、聖書協会共同訳聖書が、「季節を定めた」（τὰς《タース》 ὁροθεσίας《ホロセシアス》 τῆς《テース》 κατοικίας《カトイキアス》αὐτῶν《アウトーン》）」と訳した言葉を、口語訳聖書や新改訳２０１７は「時代を区分し」と訳したことによる違いです。つまり、καιρός《カイロス》[98]という言葉を季節（season）と訳すか時代（age）と訳すかという翻訳上の問題があるのです。

καιρός《カイロス》という言葉は、神学的には特別な意味をもつ言葉で、神の出来事が起こる決定的な時、最も適切なタイミングを指す言葉がカイロスなのです。またこのカイロスは、一般的な意味として時代とも季節[99]とも訳すことが可能です。ただ、この文章の繋がりだけを見る限りにおいて、神が定めた時々に応じて、それぞれの民族の居住地を（神が）定められたという理解がふさわしいように思われます。[100]その意味では口語訳や新改訳２０１７の「それぞれの時代に区分し」か、あるいは「それぞれに決められた時代」という訳にもそれなりの妥当性が見られます。しかし、それでもなお聖書協会共同訳聖書や田川建三訳などは、「季節を定め」と訳します。それは、この使徒言行録17章24節－28節のパウロの言葉は、アテネのストア派、エピクロス派の人々に向かって語られている言葉だからです。彼らの自然観を用いながら、パウロが神の存在を語っているので、「季節を定めて」という訳がふさわしいと言うのです。[101] そこには、季節という時が、秩序正しく繰り返されながら流れている自然観があります。それゆえに、彼らの自然観を意識しながら、カイロスという言葉を理解すべきであるという主張は、説得力をもって響いてきます。また、使徒言行録14章15節－17節においてパウロがルステラで語った言葉にもカイロスという言葉が使われています。

15 皆さん、なぜこんな事をするのか。わたしたちとても、あなたがたと同じような人間であ

---

98 καιροὺς（カイロウス）は καιρός（カイロス）の複数属格。
99 この場合の季節は四季を表す。
100 この ὁρίσας προστεταγμένους καιροὺς καὶ τὰς ὁροθεσίας τῆς κατοικίας αὐτῶν, という一文は、動詞 ὁρίσας（決定する。定める）が、προστεταγμένους καιροὺς と τὰς ὁροθεσίας τῆς κατοικίας αὐτῶν の両方に掛かっている。その中で、τὰς ὁροθεσίας τῆς κατοικίας αὐτῶν は、彼らの居住地の境界であり、ὁρίσας τὰς ὁροθεσίας τῆς κατοικίας αὐτῶν は彼らの居住地の境界を定めたことである。つまり場所という領域を限定するのである。だとすれば、並列する προστεταγμένους καιροὺς（配置させられた καιρός）もまた、（神によって）配置された最も適した時が決められたという時間の限定としてとらえる方がふさわしいように思われる。時代と国境は時代時代で変化してきたからである。
101 田川建三『新約聖書・訳と注2下　使徒行伝』、作品社、２０１１年、488－489頁を参照。最新の岩波版『新約聖書　改訂新版』、岩波書店、２０２３年、脚注457頁参照。

る。そして、あなたがたがこのような愚にもつかぬものを捨てて、天と地と海と、その中のすべてのものをお造りになった生ける**神**に立ち帰るようにと、福音を説いているものである。16 **神**は過ぎ去った時代には、すべての国々の人が、それぞれの道を行くままにしておかれたが、17 それでも、ご自分のことをあかししないでおられたわけではない。すなわち、あなたがたのために天から雨を降らせ、実りの季節（カイロス）を与え、食物と喜びとで、あなたがたの心を満たすなど、いろいろのめぐみをお与えになっているのである。[102]（口語訳：使徒行伝）

ここのカイロスは、文脈からみても「実りの時期」であり口語訳聖書においても「季節」と訳される言葉です。このことことから、「季節を定め」という訳も否定し難く、これを支持する注解書が見られることにも納得できます。

もっとも、「定められた季節」、「それぞれに時代を区分し」、「それぞれに決められた時代」のどれであっても、その背後に**歴史を導く神**の存在が見いだせることは確かでしょう。というのも、「定められた季節」という言葉の背後にストア派やエピクロス派の自然観を用いて、背後にある神を提示しようとする意図があるとすれば、まさに**普遍啓示**の意図そのものだからです。秩序正しく繰り返し流れていく時間の背後に変わらぬ**神**の働きと導きを見い出せるということにほかなりません。なぜなら、歴史は、それが意識的であっても、意識的でなかったにしても、**神**の導きに応答する人間の営みを通して形成されるからです。

**神**は、人間の営みに語りかけをもって介入され、神が語られるとき、そこに出来事が起こるのです。そのことは、ヘブル語の「דָּבָר《ダーバール》」という言葉に端的に表れています。ダーバールは言葉という意味と同時に出来事という意味も持ちます。そこには**神**が語られた言葉は必ず出来事となって現れるという神学思想があります。この**神の言葉**によって歴史が形成されるという歴史観が、旧約聖書の歴史観です。もちろん人間は、この**神の言葉**を拒否する主体性をもっています。ですから**神の言葉**が臨んでも、それが拒否されることもありますが、その拒否もまた歴史を形成するのです。というのも、その人間の拒否によってもたらされる出来事を通して形成された歴史を、さらに**神**は**神**の目から見た最善へと導こうとするからです。それが、旧約聖書のイスラエルの民の歴史であり、**歴史を導く神**なのです。**神**はわたしたち人間の歴史を最善に向かって導くのです。使徒言行録14章15節―17節のパウロの言葉も、繰り返し刻まれる実りの時であるカイロスを用い、季節の背後にあって「実り」という出来事を起こす神の存在を示すもので、歴史に働かれる**神**が見いだせるのです。

また、**神**が「季節を定め、その居住地の境界をお決めにな」ったという理解に立つとしても、そ

102 当該箇所の17節は「しかし、神はご自分のことを証ししないでおられたわけではありません。恵みをくださり、天から雨を降らせて実りの季節を与え、あなたがたの心を食物と喜びとで満たしてくださっているのです」（聖書協会共同訳聖書）となっている。

こには歴史の背後にあって、**神**が歴史を導いていることが見据えられています。それぞれの時代に境界ができることも、神の業《わざ》だからです。このように、人の手の業《わざ》として起こる歴史においても、この**歴史を導く神**の存在があり、人々が熱心に追い求めて探しさえすれば、歴史の中に**神**を見い出せるのです。なぜならば、人間の過去の歴史は、人間の心と記憶に刻み込まれ、「今、ここで」の現前で起こる事象・出来事の認識を生み出すからです。それについては、先にくり返し紹介したヘッシェルの言葉通り[103]人間の思惟と認識の在りようには、過去の事柄が決定的な力をもっているからです。ですから歴史は過去の出来事だけを語るものではないと言えます。現在起こっている出来事を通しても歴史は顕現するのです。つまり、歴史は過去の出来事として存在し、それが現在において顕現し、また未来を形成するものなのです。その歴史を通してわたしたちは、自らの過去をわたしたち自身に現しつつ自らの今を示し、また自らの未来を示しています。それは、「実際、神はわたしたち一人一人から遠く離れてはおられません。わたしたちは神の中に生き、動き、存在している」（使徒言行録一七27、28）からです。わたしたちを包み込む**神**は、歴史の出来事の背後にあり、わたしたちを未来へと誘う**歴史を導く神**なのです。

　もちろん、先にも述べたように、すべてを偶然の産物として片づけることも出来るでしょう。あるいは逆に、近代的知性のもとですべての事柄は何らかの因果関係によって起こる必然として、出来事の背後にある力や存在を排除することもできます。つまり、形成されていく歴史が何者かによって動かされているという感性をもって歴史を見ない限り、この「**歴史を導く神**」という認識は生まれてこないのです。

ですから聖書は、「**神**は、一人の人からすべての民族を造り出して、地上の全域に住まわせ、季節を定め、その居住地の境界をお決めになりました。これは、人に**神**を求めさせるためであり、また、彼らが探し求めさえすれば、**神**を見いだすことができるようにということなのです」（使徒言行録一七26、27）と言うのです。わたしたちは、偶然という言葉で、わたしたちの身の回りに起こっている様々な出来事を片づけるとすれば、歴史の背後にある神的な存在を見落としてしまいます。それは、**歴史を導く神**の存在を見失っていることなのかも知れません。

神が、わたしたちを最善へと導こうとして働きかけ、そこに歴史が形成される歴史観は、歴史が紆余曲折を経ながらも一つの方向に向かって突き進んでいる歴史観です。すなわち、神が導く聖書の歴史は、**神**が天と地を造られた創造の初めから歴史の終末、つまり時間の終わりというゴールに向かって突き進んでいる歴史観だと言えます。時間の終わりの先には、有限な私たちの住む世界を超えた有限とは異なる質の永遠があるのです。

この歴史が一つのゴールに向かって突き進んでいる歴史観は、キリスト者特有のものではありま

103 本書99頁参照。ヘッシェル『人は独りではない』では16頁。

せん。わたしたち人間は、漠然とこの歴史がいつまでも続くといった思いと同時に、どこかでこの歴史と世界が終わってしまうといった運命論的な気持ちがあります。それは感覚といってもよいでしょう。歴史が終わり、そして**世界**が終わる、つまり「この世」が終わるといった運命論的感覚は、終末思想や末法思想と呼ばれます。それは様々な宗教にみられる思想ですが、そこには、この世が終わるという人間の漠然とした不安な気分が直観されています。この不安な気分を通して歴史を見るときに、戦争や支配、差別といった様々な問題を引き起こしている人間に対して、カタストロフィー的に人間を裁き、その歴史を終わりに導く超越者の存在を見るということは十分に考えられることです。このような終末観は悲劇的終末観だと言えます。そういった意味では、東日本大震災には、黙示録的終末の不安な気分が漂っていたと言えるのではないでしょうか。

しかし、悲劇的終末観でとらえる歴史観だけが存在しているわけではありません。たとえばヘーゲル（Georg Wilhelm Friedrich Hegel, 1770 - 1831）の哲学は歴史哲学と呼ばれます。それはヘーゲルの哲学においては、歴史は世界精神という神的存在が自己実現するためのものであり、その終着点はパラダイス的な世界だからです。ヘーゲルの歴史観は、いうなれば世界精神が自己展開するというものです。これを物質の自己展開として考えたのが、マルクス（Karl Marx, 1818 - 1883）の唯物論哲学です。マルクスは、物質が自己展開しつつパラダイス的な世界を形成する歴史であると考えました。つまり、ヘーゲルもマルクスも、精神と物質という違いはありますが、歴史の終着点を破滅に見るのではなく完成に置き、そこにパラダイス的な世界を見ていたのです。

同様に、聖書における神が導く歴史もまた、わたしたちの心に不安を与える神の裁きによる破滅的な終わりを迎える悲劇的な歴史ではなく、むしろ、聖書に記された歴史は、わたしたちを最善へと導こうとして形成される肯定的歴史です。それを**救済史**と呼びます。つまり、**神**が歴史に介入し歴史を導かれるのは、**神**が人間を救おうとして働かれているからです。それゆえに歴史は、**神**の救済の歴史であり、**神**が人間を祝福する約束の歴史なのです。この**救済史**こそが、聖書の歴史であると共に、**神**と人間の営みによって積み上げられてきた歴史であることを、わたしたちは注意深く観察する必要があります。そこには、破滅的な歴史の終わりではなく、**神**の創造の歴史の完成が目指されているのです。それは神の約束が成就する歴史であるとも言えます。

考えてみますと、終末思想を掲げる多くの宗教であっても、悲劇的終末の先には救済者による希望の世界が見据えられており、それが歴史の完成なのです。諸宗教や哲学の営みの中に、歴史を導く存在が見据えられていることは、そこに**普遍啓示**の働きがあるからです。その意味で、歴史そのものが**神**の歴史であり、「歴史は神の啓示の場である」とわたしたちは、言うことができるのです。

# 第五章　普遍啓示の意義

さて、ここまで**普遍啓示**について述べてきました。そこで明らかになってきたことは、**普遍啓示**は、超越的存在が、事物事象を通して語りかける「わたしは**ある**」という語りかけを直観することです。それはわたしたち人間の霊に直接的に働きかける神の語りであり、この世界に存在するあらゆる事物、事象から響き渡る**存在**それ自体の「わたしは**ある**」という叫びとして、わたしたちの霊性に語りかけます。霊性とは、人が超越的な神性を有するものを求め、それに向き合う姿勢です。またその存在を意識して生きる生き方となって結実していくものです。

ここまで**普遍啓示**を通して**神**のことを考えて、**普遍啓示**により頼み、わたしたちを取り巻く**世界**を観察してきました。そこから還元的に神のことについて考え、語ることを自然神学と言ってもよいでしょう。この**普遍啓示**や自然神学を、教会は決して軽んじてはなりません。それは、宣教における有益性の視点から見ても、異文化や異なる宗教間の対話という視点から見ても、救済論的視点から見ても決して軽んじられてはならないのです。

## 第一節　普遍啓示の宣教論的意義

普遍啓示や自然神学が宣教的意義をもつことは、ほとんど自明のことのように思われます。普遍啓示や自然神学は、観察の対象がわたしたちを取り巻く世界にあるので、信仰をもっている人間ももっていない人間も、自然という同じ共通の土台の上で考えることができるからです。普遍啓示や自然神学は、うまく用いれば宣教の大きな助けとなります。

たとえば、キリスト教神学の世界では、神の存在証明というものがなされてきました。古くは中世を代表する神学者の一人であるカンタベリーのアンセルムス（Anselmus Cantuariensis, 1033 - 1109）の著書『プロスロギオン』の第二章に見ることができます。[104] そこでは背理法という手法が用いられているのですが、少々わかりづらいところもありますので、その内容を三段論法ふうに整理し直してご紹介すると、概ね次のようになります。

最も偉大な存在があるとすればそれは神である。ここに偉大な存在があれば、それよりも偉大な存在があることをわたしたちは考えることができる。そして、その偉大な存在よりもさらに偉大な存在があることも考えられる。この考えをくり返していくと、「これ以上偉大なものは存在しない」と思われる「最も偉大な存在」に至る。もしこの「最も偉大な存在」が人間の思

104 アンセルムス『アンセルムス全集〈全一巻〉』吉田暁訳、聖文舎、１９８０年、153頁参照。

惟の中だけにあるだけならば、それは「最も偉大な存在」だとは言えない。なぜならば、それが人間の思惟内のみに存在するのならば、それは思惟する人間より小さいからである。だから「もっとも偉大な存在」は実在する。そして最も偉大な存在は神であるので神は存在する。

アンセルムスは、人間の思惟と「存在」に着目し、わたしたちが考え得ることのできる存在は、実在することを明らかにし、そこから神の存在の証明を試みました。そのためアンセルムスの神の存在証明は、〈存在論的神の存在証明〉と呼ばれています。しかし、この証明は、結論部分において飛躍がみられ、神の存在証明としては決して完全なものとはいえません。そもそも神を、「もっとも偉大な存在があるとすればそれは神である」と定義づけ、**神**を「もっとも偉大な存在」と名づけるのです。この場合、この名は「偉大な」に焦点を合わせ、その上で、その「最も偉大な」という名をもつ者が「神である」ことが了解済みの先験的命題として前提とされています。[105] すでに神の存在が直観され先見されているのです。つまり、初めから神の存在が了解されていることになります。ここには「信じるがゆえに知解する」というアンセルムスの精神が浮き彫りになっていると言えます。背理法は、前提として立てた命題を否定すると矛盾が起こることを示し、最初に立てた命題の正しさを論証する手段ですが、神の存在証明は神の存在を証明するものです。ですから、この了解済みの「それは神である」という事態それ自体が論証されなければなりません。その意味では、アンセルムスの神の存在証明は、証明としては綻《ほころ》びをもっていると言えるでしょう。

アンセルムスの〈存在論的神の存在証明〉は、証明としては不十分です。しかし、それなりの意味をもっています。何かしらの事物・事象があると直観的に捉えられるならば、その事物・事象が「美しい」というような形容詞的なものであれ「義」や「愛」、「善」というような名詞的なものであれ、それらを通して「わたしは**ある**」というもの、すなわち**存在**それ自体が思惟され実在するからです。この証明は、存在するすべての事物の存在を支える「わたしは**ある**」という**存在**それ自体に目を向け、わたしたちが、「**ある**」と考えられるものは、当然、実在することを示すものだからです。つまり、「わたしは**ある**」という名である神のもとで、主語でなく述語を先験的命題として述語に現れ出た主語が無化された「**ある**」を契機にして三段論法的に想起される**存在**それ自体を証明することだと言えます。それは、「**ある**」という**存在**そのものに焦点を合わせることなのです。

それは、たとえば次のような例に見ることができます。目の前に花があり、それを美しいと感じます。その感覚は「この美しい花がある」と認識を産み出します。このとき「美しい」とは形容詞的な抽象概念です。名詞的に言えば「美」ということになります。この「美しい」あるいは「美」というものは、それ自身ではこの世界の中に実在することはできません。ただこの世界の中にある

105 カント『純粋理性批判・中』第三章四節、259―269頁を参照。

ものを通してのみ、その存在を表すことができます。この場合ですと、花を通して立ち現れる「美しさ」あるいは「美」によって、それらの存在を直観しているのです。つまり「ここに美し花がある」という言葉の「花」という主語が無化されて「美しさ」とか「美」という抽象概念の存在が立ち現れるのです。そしてそこから、「さらにより美しい花がある」ということが想起されて行くならば、やがて「究極的な美」というものに行きつきます。その時、「究極的な美がある」という意識において、更に美という主語が無化され、「究極」という概念が立ち現れ、そして実在するのです。

アンセルムスが言うように、神は、この自然界に存在するあらゆるものに優って偉大で素晴らしい存在として「**ある**」ことは確かなことですが、彼が証明したのは、その「偉大な存在」における「あらゆるものに優って偉大ですばらしい」という「最も」という最上級をあらわす形容詞的な抽象概念が「**ある**」ということです。ですから、彼の「神の存在証明」は、「その最も偉大なものが神である」という先験的前提なしに、「神はいる」という結論を論理的に導きだすことはできません。またそれをキリスト教の**神**として特定することもできません。キリスト教における神に結び付けるためには、**特殊啓示**としての**神**の名乗りである「**わたし**は『わたしは**ある**』というものです」を受容することが求められなければなりません。

だからといってアンセルムスの証明がまったく無駄だということではありません。彼の証明は、

「**ある**」に重点をおいて理解するものです。この世界に存在する事物を通して、その存在が直観され思惟される概念は存在することが前提とされていなければなりません。この前提のもとで、直観的に「ある」と想起されるものは実在することを明らかにする試みを、背理法を用いながらアンセルムスの〈神の存在論的証明〉が担ったのです。そういった意味では、彼の証明は、自然を通して「なにごとの　おはしますをば　知らねども　かたじけなさに　涙こぼるる」という感覚を抱き、オットー（Rudolf Otto, 1869 - 1937）のいう「聖なるもの」の存在を直観する者へのキリスト教の足掛かりとなるとは言えるでしょう。

　アンセルムスの存在証明は、わたしたちが具体的事物・事象を通して存在すると直観できるものは、たとえそれが目に見える事物ではなくても、実在することを証明するものでもありました。それは観念という超越的世界が存在する可能性の証明でもあります。それが存在論的神の存在証明に用いられるときは、神が**存在**そのものであることによって意味をもってきます。

　たとえばそれは、ルネ・デカルト（René Descartes, 1596 - 1650）が『省察』[106]の中で試みた神の存在証明に受け継がれます。デカルトは、「われ思う、ゆえにわれあり（Cogito ergo sum《コギトエルゴスム》）」という言葉で有名な近代の思想家です。彼のこの言葉は、すべての存在が存在することを疑ったとしても、そのような疑いをもって存在の有無を思い廻らしている自分自身が実在していることは疑いようのない

106 デカルト『省察』山田弘明訳、ちくま学芸文庫、２０２１年

事実で、最も明らかなことはわたしたち人間の意識（Cogito《コギト》）だということです。それゆえにデカルトは、人間の意識に存在の認識の出発点をおくのです。そこから彼は、「延長」という考えに至ります。この「延長」は、意識によって認識される事物は、その本性を形状や重さといった観察できる形で空間の中に実在するというものです。

デカルトは『省察』で神の存在証明をしています。[107] 彼が試みた神の存在論的証明は、先のコギトの視点と、それに基づく「延長」の考え方が応用されたものです。『省察』は、ほぼその書一冊を神の存在証明にあてたものですから、本書においてデカルトの証明の詳細を述べることは避けますが、要は「神という概念が先験的に意識の場にあるならば、神は実在する」というものです。ですから、アンセルムスの神の存在証明の系譜を受け継ぐものと言ってもよいでしょう。それはある抽象的な概念が、名詞的であっても、形容詞的であっても、それが「ある／いる」ことが直観されるならば、直観された抽象的概念の「**ある**」という「**存在**」そのものは実在する形而上学的概念の存在証明であると言えます。

「善」、「美」、「愛」といったものは名詞的に言い表された抽象概念です。先に記した「偉大さ」とか「素晴らしさ」は、形容詞的な抽象概念でしか表せないものだといえます。しかし、そのような抽象概念であっても、一般的に共通認識として「**ある**」と考えられる限り、単に形而上学的概念としてだけではなく、何らかのかたち（事物・事象）を通してこの世界に実在することをデカルトの証明は指し示すのです。つまり、「偉大さ」とか、「素晴らしさ」とか、「善」、「美」、「愛」と名づけられた抽象的な概念の「**ある**」が直観されるなら、その直観されたものは虚構でもなく、具体的にそれが現れ出るのです。そのことを提示するだけでも、デカルトの証明がもつ功績は大きいものだといえます。なぜなら、わたしたちが先験的に直観する「善」、「美」、「愛」と名づけられたものは、わたしたちの意識の中に先験的に存在するがゆえに、生の場において具体的に「存在」として、たち現れ実在するのです。わたしたちは、事物・事象の背後に「**ある**」ところの「善」、「美」、「愛」といった直観としてとらえられていた抽象概念を倫理や道徳の土台として、具体的な生の中で生きることができるからです。逆にわたしたちは、「善」、「美」、「愛」といった抽象的概念で言い表されているものを、人間の生き方や在り方の中に直観的に感じとり、受け取ることができます。直観は、わたしたちに神が与えた、より善き生へと向かう霊の能力[108]である理性の現れなのです。

霊とは、神が創造の際に、人間に与えてくださった**神の像**《かたち》です。それは人間が人間である人間本性であり、物事の善悪を判断する道徳心と「より善きもの」へと向かわせる理性が統合されたものです。キリスト教的に言うならば、この「より善きもの」とは**神**ということになります。**神の像**《かたち》をもつわたしたち人間は、被造世界を通して神や仏といった神性を有する名もなき**存在**を

107 前掲書、デカルト『省察』の第三省察、58—89頁、第五省察、98—108頁を参照。
108 この生への能力を、古代教父の一人であるユスティノスは「ロゴスの能力」と呼ぶ。

感じ取ります。それは神が、わたしたち人間に**神の像**《かたち》を与えてくださっているからです。ですからわたしたち人間は、霊的存在であると言ってもよいものです。その霊の能力が、わたしたちが自然の壮大さや神秘に触れる中で、神的な超越者を直観させ感じ取らせるのです。

アンセルムスは、この直観が感じ取り確信したことに基づいて「神は、これ以上ないもっとも偉大な存在である」という命題を立てたと言えますし、デカルトは神という概念を先験的に人間の意識の中に認めたのです。つまり、**神**が与えた霊の能力によって、この世界の事実・事象から先験的に存在する神を感じ取っていたのです。このような霊の能力は能動的に働き、わたしたちの主体的な神への求めとなって現れてきます。それがわたしたちの内にあるのは、創造者である**神**が、その能力を人間に与え、**神**が自然の中で啓示されたその**存在**を、心に感じ取らせているからです。その意味では霊の能力は受動的です。つまり、霊の能力は矛盾する二重性をもって働くのです。

このように、**普遍啓示**の働きは、わたしたちを神に引き寄せ、わたしたちに働きかけ、神を求めさせます。ですから**普遍啓示**を否定する必要はなく、自然を通して神を認識しようとする自然神学を否定する必要もありません。むしろ**普遍啓示**も自然神学も、宣教論的に極めて重要なものです。事実パウロのアテネでの宣教は、この**普遍啓示**や自然神学を用いてなされているのです。

## 第二節　宗教間対話における普遍啓示がもつ意義

**普遍啓示**や自然神学の働きは、先に述べた宣教的な意義をもつと同時に、異文化や異なる宗教間の対話の土台となるものです。特にわたしたち日本人にとって最も身近にある仏教とキリスト教との関係に焦点を当て、**普遍啓示**と宗教間対話の関係について考えていきたいと思います。**普遍啓示**には、人間を道徳心や理性といった視点からそれが何であるかをとらえ叙述するアプローチがあるからです。このために人間の行動を観察しますので、今日の社会における倫理や道徳と言った点を考えるのに非常に有益なものとなります。特に他の宗教の人たちや社会環境が異なる人たちと平和、人権、人間の尊厳性や文化といった問題を共に考えていくために、対話する際の基盤になる重要なテーマだと言えます。そこでは「善」、「美」、「愛」が主題とされます。それは、人間を人間ならしめる人間本性である**神の像**《かたち》が希求するものなのです。そして**神の像**《かたち》が希求する人間の生き方や心のありようを真摯に求めるところには、神が人間に与えた**神の像**《かたち》の叫びが、すべての人の心の中に向かい、神を示し、神を目指すように語りかけていると言えます。だからこそ教会は、**普遍啓示**や自然神学を軽んじてはならないのです。

ですから、「善」、「美」、「愛」に基づく宗教間対話は、支配や分断や争いを生み出すためになされるものではありません。互いに和解しつつ争いから平和を生み出し、分断から融和を生み出しながら、平等なより善い世界を造り上げるためになされるものです。にもかかわらず、かつてのキリスト教は、自分たちだけが真理をもっている最高の宗教だと言って、イスラム文化圏やアジア文化圏を見下ろすような視線があったことを、歴史を学ぶ者として認めざるを得ません。またキリスト教文化を通して、イスラムの国々やアジアの国々を支配しようとして来たのです。そのことが、サミュエル・ハンチントンが言う文明の衝突を生み出し、植民地支配[109]を止めることができず、戦争の悲劇に結びついていったことも否定できません。そのことに対して、キリスト者としての自分を強く反省する必要を感じていますし、真摯な思いで宗教間対話を深めていく必要があると考えています。

宗教間対話の一例を、ある僧侶の方の言葉に見ることができます。その言葉には、人間の内にある**神の像**《かたち》が生み出す卓越した霊性を感じます。それは、シスター鈴木秀子の言葉を引用した次の言葉です。

「『テサロニケ人への第一の手紙』に次の言葉があります。『いつも喜んでいなさい。絶えず祈りなさい。すべての事について、感謝しなさい』(五16－17)。喜びというと、何か特別の出来事のように思ってしまいますが、そうではありません。おいしく食事ができることや健康に活動できること、家族がいてくれること、さらに言えば命が与えられていること、そのこと自体が喜びなのです。日々の小さな出来事にも喜びを発見し、またそのことに感謝して生きる。喜びや祈り、感謝を習慣化していくと、心が静まり、突然の事態にも動じなくなっていきます。いつか、この危機が過ぎ去った時に、自分が深められ成長できていることに気づくでしょう」。

こういうあたたかく、親切なお言葉というのは、わたしたち禅僧にはとてもまねができません。本当に心に染み入る言葉です。大きな力をいただくことができます。鈴木先生とは懇意にさせていただいていますが、思えばいつお目にかかっても、笑顔で喜びをたたえていらっしゃいます。そして祈りの人という雰囲気を常にお持ちであります。さらに絶えず感謝の言葉を口になされています。鈴木先生にはすっかり習慣化され身についていらっしゃるのでした。いつも喜び、絶えず祈り、すべてに感謝、わたしもこれを習慣にするよう努力しようと思います。[110]

---

109 ここで言う植民地支配には、たんに政治的経済的植民地支配だけにとどまらず、E・A・ザイードが「オリエンタリズム」と呼んで批判してきた文化的、宗教的植民地支配を含んでいる。

110 臨済宗円覚寺のホームページ内にある「管長のページ」の項にある「管長侍者日記」にアップされた2020年5月5日の記事。該当のホームページは、https://www.engakuji.or.jp/blog/31453/（最終閲覧2021年5月20日）。

この僧侶は、シスター鈴木の言葉を「これはキリスト教の言葉だから」などと言って、切り捨ててはいません。むしろそれを素直に評価し、「自分もいつも喜び、絶えず祈り、すべてに感謝、わたしもこれを習慣にするよう努力しようと思います」と述べています。しかもそれを寺のホームページに書き込み、それを読むであろう信徒の方に、仏教を信じる者の姿勢として伝えているのです。わたしはその方の姿に心を打たれ、素直に尊敬の念を抱かざるを得ません。確かにこの僧侶の中には、イエス・キリストの内にある謙遜や寛容に通じる精神を見て取ることができると思うのです。それは先ほど述べたような他宗教に対するキリスト教の支配的・排他的態度の対極にあるものです。

この僧侶の謙虚さと寛容さは、「より善きもの」になろうとする姿勢だと言えるでしょう。それは、わたしたちが人間形成を目指し歩むものなのです。だとすれば、イエス・キリストを信じ、主と仰ぎ、その教えに従うキリスト者もまた、謙遜や寛容さを身につけていくことです。というのは、イエス・キリストはわたしたち人間に提示された完全な**神の像**《かたち》であり、完成された人間性の現れだからです。そしてこれは、前著『人生のすべての物語を新しく』で詳しく述べていることですが、キリスト教の「**救い／掬い**」が目指すところは、わたしたちの内にある**神の像**《かたち》の完成、すなわち人間性の完成にあります。この人間性の完成を目指す「**救い／掬い**」の歩みの過程で、御霊《みたま》の実として語られる愛、喜び、平和、寛容、親切、善意、誠実、柔和、節制（ガラテヤ五22―23、「霊の結ぶ実」）といったものを身につけていきます。これらの一つ一つは、完全な**神の像**《かたち》として受肉したイエス・キリストの生涯のうちに現れ出ている練られた品性です。ですから単なる形而上学的な抽象概念として思い描かれるだけのものではありません。むしろそれは、実際のわたしたちの生き方の中で実現されていくもので、それを身に着けることを目指して生きていく必要があります。先の僧侶の言葉と姿勢には、それを読みとることができます。**神の像**《かたち》は、宗教を超え、民族を超えて無条件にすべての人に与えられているからです。それゆえに宗教が異なっていても、この**神の像**《かたち》から湧き上がる思いに素直に準ずるならば、謙遜さや寛容さといったイエス・キリストの内にある完全な**神の像**《かたち》に通じていきます。

宗教間対話は、宗教の垣根を超えてより善き世界を築くためになされるものです。そこには、より善い世界の実現を目指す終着点があります。そこに見据えられている世界は、支配や分断や対立ではなく、平等、和解、平和です。それこそが神の王国なのです。練られた品性として現れ出る**神の像**《かたち》が、わたしたちを支配や分断や対立がある現実の中で、平和を築き上げる和解の使者へと成長させるのです。

## 第三節　普遍啓示における救済論的意義

前節において、**普遍啓示**の宗教間対話における意義について述べました。そこで一つの事例として取り上げましたのは、臨済宗（脚注110）の僧侶の方です。日本に生きるキリスト者として、仏教徒の方との宗教間対話が多くなるのは、地域的・文化的背景を考える場合に必然のように思われます。実際、このような仏教とキリスト教の対話は、学問の世界では、日本人の霊性について深く考えた仏教学者の鈴木大拙《だいせつ》（1870 - 1966）などに見られます。鈴木は、単に仏教学者というだけでなく、キリスト教の霊性の巨人といわれるエックハルト（Meister Eckhart, ca. 1260 - 1328）の研究をしながら、日本人の霊性についての考察をまとめていきました。エックハルトは、神との合一を経験することを目指すドイツ神秘主義の中心人物です。鈴木から大きな影響を受けた世界的な哲学者である西田幾多郎（1870 - 1945）は、禅宗の教えを基盤にし「西田哲学」を構築しましたが、鈴木も西田もキリスト教との対話がしっかりとなされています。

鈴木も西田も意識しているのは、このキリスト教神秘主義の神との合一の経験にあります。この経験は極めて人格的なものです。それは神を思惟の対象として認識し、知るということではなく、そのような認識や知的な理解を超えて神の中に自己を見いだし、自己の中に神を見いだすことの自覚的経験だといえます。鈴木や西田は、そのような人間の思惟や知的な理解の先にある神と人との合一を、禅の世界における自然（わたしたちを取りまく世界）との関係でとらえています。そこにあるのは、人間によって対象化される自然と、自然を対象化する人間との二項対立を超えて、それをひとつにする智慧《ちえ》（物事をありのままに把握し、真理を見極める認識力。）であり、また智慧の場です。そこに、キリスト教と禅仏教の対話の糸口を見いだしているのです。このような鈴木や西田が見ている世界は、主体と客体の対立構造を乗り越えたところにある**自己**の姿なのです。西田が「純粋経験」と呼ぶのは、このような主体と客体を超えた**自己**を自覚的に経験することと言えます。

　同様にキリスト教の立場から、仏教とキリスト教の対話の中から神学を構築した神学者も少なくありません。カトリック神学者である門脇《かどわき》佳吉《かきち》（1926 - 2017）は、教理内容においてキリスト教と仏教とは接点はないと言いますが、禅の実践の中から、キリスト教と仏教の類似性を述べています。[111]

　門脇が述べていることは、事物・事象の背後にある智慧に至る道を生きる仏教徒の在り方と、キリスト教の「**救い／掬い**」に向かい生きるキリスト者の在り方の類似性です。そこにあるのは、人間を超越した存在の智慧と人とが結びつき、この智慧に従って生きると言うことであり、そこに至

111 門脇佳吉「キリスト教と宗教をめぐって」『日本の神学二二号』日本基督教学会、１９８３年、214頁を参照。

る道としての禅仏教とキリスト教の類似性なのです。

また「西田哲学」の影響を受けた神学者には、八木誠一、小田垣雅也や小野寺功と言った人たちがいます。彼らの神学は、西洋論理学の論理的整合性によって構築された「有の神学」に対して、「無の神学」と言われます。「有の神学」は、人を認識の主体とし神を認識の対象とします。そこには主体と客体の二項対立がありますが、「無の神学」は、このような二項対立の中で**神**とは何かを叙述しようとする「有の神学」のもつ限界を見据えています。その限界を、東洋的な神秘性によって乗り越えようとするのです。この二項対立を乗り越えようとする試みは、「**神**と人との関係」に向けられるだけでなく、「わたしと人との関係」にも向けられます。さらには、「わたしとわたしの関係」にも向けられます。

この「わたしとわたしの関係」とは「わたしはわたしであって、わたし以外の何者でもない」として認識する**自我**の構造を突き抜けた先にある**自己**に至ろうとします。その結果、そこに現れ出るのは、先の三つの関係における主・客の二項対立構造を乗り越え、**自我**を打ち破った**自己**の姿です。その**自己**を自覚的に生きることで真の**自己**に至る歩みが人間形成の道なのです。

この**自我**と**自己**を、説明させていただくとすれば、概ね次のようになります。「わたしはわたしであってわたし以外の何者でもない」という自我の自意識は、自分自身を他者と区別して理解することによって成り立つものだと言えるでしょう。それは、他者との関係から生まれる優越感や劣等感、できないの能力や様々な経験によって形作られる自意識です。つまり**自我**とは、他者との関係で生れる様々な意識を身に着けることで形成される足し算による自意識が**自我**だと考えられます。だから「わたし以外の何者でもない」なのです。

それに対して、**自己**とは引き算による自意識だと言えるでしょう。それは**自我**が身に着けた様々な意識を、一枚一枚薄皮をはがしていくように取り去ることで自我が無化されることで現れ出てくる自分の姿だと言えます。それは、いうなれば禅における悟りと言ったものに近い感覚です。このようにして、**自我**が身に着けた自意識を取り去り無化していく作業の中で、無垢の**自己**が立ち現れてくると言えるでしょう。その作業の中で、わたしたちは、わたしと向き合う**神**の中に生きている**わたし**を見いだし、わたしの中に生きている神の存在に気づきます。この自我の自意識の認識を越えた先に、**神**の内に〝わたし〟がおり、わたしの内に**神**がいることを感じとる神の合一を経験する**自己**を自覚する経験があるのです。この神との合一を、人間存在の根源として人間論的にとらえたのが滝沢克己《かつみ》（1909 - 1984 正字では瀧澤《たきざわ》）です。滝沢は「神我らと共にいます」というインマヌエルに着目し、人間はそもそも神が共にある存在としてとらえ「純粋神人学」[112]というものを提唱します。滝沢にとって、**自己**とは神と共に生きる者なのです。そこでは、仏教とかキリスト教と言った垣根を超えて、人間をその根源にある**神の像**《かたち》でとらえ、神と人との「不可分」で「不可同」で「不可

112 参考となるものとして、滝沢克己『純粋神人学序説』創言社、一九八八年。

逆」な存在としてみています。神と人とは決して同じではありません。そこにあるのは「不可同」な関係です。そして、この「不可同」な関係において人は神に従う存在であり、神と人との関係は「不可逆」な関係だといえます。この「不可同」「不可逆」な神と人とが一人の人間の内に「不可分」に結びついているのは、西洋の論理学的視点では矛盾でしかありません。ですからそれは、人間の知性を超えた出来事です。しかし、その矛盾が**神**の創造のわざの中にあって、**神の像**《かたち》として人間の存在の根源となっている、と語るのです。その**神の像**《かたち》が、神の言葉に呼応して、**神の言葉**をわたしたちに語りかけます、「これが道だ。これを歩め」と。**神の言葉**が、わたしの内側にある**神の像**《かたち》を通して**わたし**の言葉となって語りかけ、真の**自己**に至たる人間形成の道を歩ませるのです。神は、わたしたちを**自我**の意識を突き抜けた先にある神との合一の経験を繰り返すの中で、**自我**の先にあるまったく無垢な**自己**である真の**自己**に導く存在なのです。それは原事実としての**神の像**《かたち》が完成した**神の似姿**（**神の肖**《しょう》／神の肖について本書102頁で説明）に至ることだと言えます。

自分と他者を区別する自我の自意識においては、**神**はどこまでいっても他者です。ブーバーの言葉を借りるならば、対象化された「それ」である**神**です。しかし、わたしたちが、自我を超えた自己となるとき、この自我を超えた自己では**神**の心が**わたし**の心になります。またわたしが痛み、苦しみ、悲しむとき、それらは**神**の痛みになり、苦しみになり、悲しみとなります。この痛む神の存在がわたしと共にあることを自覚させるのです。また、「わたしはわたし以外の何者でもない」のではなく「わたしはあなたでもある」わたし以外の人の中にある「わたし」に気づき、同時に「わたし」の中にある他者の存在を自覚させるのです。そのとき初めて、わたしたちは、本当の意味で他者の痛みを自分の痛みとして受け止めることができ、「自分を愛するように、あなたの隣人を愛しなさい」とか「敵をも愛しなさい」というイエス・キリストの言葉を生きる者とされていくのです。

キリスト教と仏教との間の対話は、「**自己**として生きる」という人間形成の道について、両者との間に有意義な実をもたらしています。その反面、キリスト教が仏教を含めた他の宗教に対し排他的であることも事実です。その排他性はどこから来るのでしょうか。そのことに関して、わたしたちは、先ほど仏教とキリスト教の対話を進めている門脇佳吉が、キリスト教と仏教との間には、教え（教理）において違いがあると指摘していた点に着目することが大切でしょう。

キリスト教の排他性がもつ要因のひとつは、一神教の信仰にあると考えられます。信仰の対象である神は唯一無二の絶対的存在であるがゆえに、他宗教の信仰の対象を否定するという排他性をもつのは、まさに八木、小田垣、小野寺が指摘した「有の神学」がもたらす弊害だと言えます。そもそもキリスト教の教理の根幹をなす三位一体の教理自身が、三にして一、一にして三という矛盾を含んだものだからです。三位一体の教理は、**神**自体が「有の神学」では、語りつくせない存在であることを告白しているのです。先に述べました**普遍啓示**の宣教論的意義も、神があらゆる宗教で崇拝されている神仏の存在の根底を支えつつ、そこに自らの**存在**それ自体を立ち現わしているとするならば、キリスト教が他宗教を見下ろすことなく、主語なき「**ある**」という**存在**を通して対話が可能であることはすでに示したとおりです。このように、**普遍啓示**の働きは、キリスト教の唯一神教の性質がもたらす排他性を無化するもので、本節において述べた仏教とキリスト教の対話の実践がそれを明らかにしています。だとすれば、門脇佳吉が仏教とキリスト教の教理の内容には接点がないといったキリスト教の排他性の要因はいったいどこにあるのでしょうか。

それは、救済論に関する教理にあると言えます。西方教会の伝統にある「**罪の赦しの福音**」として主題化された救済論です。この救済論は、罪の赦しをイエス・キリストの十字架の死という歴史的出来事に集中させます。その十字架の出来事を、わたしたちの罪を償《つぐな》うための唯一の行為であると捉えるのです。そのような理解でイエス・キリストの十字架の出来事を捉えますと、救いの業《わざ》はイエス・キリストの十字架の死のみにあることになります。そうなると、イエス・キリストの十字架の死を持たない宗教は必然的に排除され、キリスト教にのみ救いがあることになり、排他的になってしまうのです。

もちろん、このような罪の償《つぐな》いのための十字架の死の理解は、あくまでもイエス・キリストの十字架の死に対する一つの解釈であり神学的理解です。ですから、イエス・キリストの十字架の死という出来事に対する人間の知性を通った認識だといえます。その「十字架の死という償いの行為に基づく救い」という西方教会の贖罪理解については、近年、様々な議論がなされるようになってきました。その中には「罪の赦し」を中心にする贖罪論に対する批判も見られます。前著『人生のすべての物語を新しく――シェルターの神学から傘の神学へ』も、そのような批判に則って書かれました。

前著において「シェルターの神学」と呼称したものは、まさにイエス・キリストの十字架の死を「罪の赦し」とし、「救い」の絶対的要件としています。自らの罪を告白し、「罪の赦し」を信じなければ「救い」を得ることができない、と主張する神学の立場です。

それに対して「傘の神学」と呼称した私の主張は、イエス・キリストの十字架の死は、「この世」に様々な苦しみや苦悩をもたらす罪の力からわたしたちを解放するものです。そこに現れ出る救いは、「この世」という冷たい雨に打たれて苦しみ、苦悩し、痛みの中に差し出された傘のようなイメージです。その傘のもとに逃れてやってくる人を癒し、慰めるものであって、救いの業は、単に人の罪の赦しを与えるだけではないということを表しています。

救いのわざは、**神**を信じたという一点に収斂《しゅうれん》するものではありません。慰められ、癒され、励まされながら、時々刻々人間本性である**神の像**《かたち》を完成するという歩みなのです。この歩みを通してなされる真の**自己**を形成する人間形成の全体像が救済の業《わざ》なのです。人の存在そのものが**掬い**取られていく「**救い／掬い**」だと言えます。

この「傘の神学」における救済論は、先に示した「無の神学」の主張や滝沢克己の主張に通じるものがあります。**神**が与えた**神の像**《かたち》の目指すべき生き方として、わたしたちの意識の場に先験的に刻み込まれた「善」、「美」、「愛」を希求する**普遍啓示**の働きがあるところに、「**救い／掬い**」の門が開かれているということができるでしょう。それゆえに、**普遍啓示**に救済論的意義を認めることができるのです。

# 第六章　世界に響きわたる神の言葉

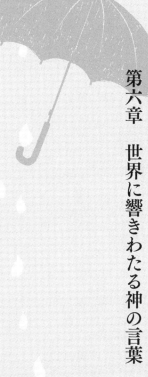

## 第一節　世界は神の傘の内にある

神学は「知性」における認識に基づく知的営みです。啓示について考察する際に、漠然として対象化されない神的な何かの存在を取り扱う**普遍啓示**よりも、キリストや聖書の言葉といった思惟の対象が明確な**特殊啓示**に重きが置かれるのは、ある意味やむをえません。

しかし、序章において述べましたように、神学は「**神**はいる」という前提を必要とする学問です。その前提である「**神**がいる」ということはいかなることであるかを考えることは大切です。そのことがいかにして信じられるかを考えることも必要になります。それが**普遍啓示**について考えることであり、まさにその問題に向き合いこれまで取り組んできたのです。

「神はいる」といっても、**神**は五感をもってとらえられる形で「いる」わけではありません。デカルト的な表現をすれば**神**の本性はこの世界という空間の中に事物として実体を現していないのです。

しかし、**神**という概念はしっかりとわたしたちの意識に刻み込まれています。これは五感では把握できず、「知性」でも把握できない**神**の本性である**神性**があらゆる事物を用いながら、わたしたちの意識に直接語りかけてくるからです。だからこそ、神あるいは神性という概念が、わたしたちの認識に対して先験的にあるものとして「**ある**」のです。ですから、啓示はわたしたちが「認識」として把握している世界の外から語りかける神の言葉なのです。それは、神がこの**世界**に対して超越している存在であることを意味しています。

**神**は超越的な存在です。それゆえに**神**は、わたしたちが「知性」の限りをつくしても知り尽くすことはできません。当然わたしたちが、**神**についてすべて考え抜くこともできません。**神**は**謎**であって、わたしたちの「知性」をもって「**神**とは○○である」とは語り尽くせない「言い表すことができないもの」なのです。これは**普遍啓示**に土台を置く自然神学においても、イエス・キリストや聖書という**特殊啓示**においても同じです。

**普遍啓示**あるいは自然神学は、「神はいる」といった超越者である神的なものが**存在**について漠然と語るのであって、具体的に**神**という対象化された存在を語ることではありません。**普遍啓示**においては、存在する神的なものの崇高さや偉大さといった形容詞的な事柄については直観的に知り得ますが、神的なものが聖書の**神**であり、わたしたちにどのように関係し、関わるのかというところまでは分かりません。当然、わたしたちが、**神**を「わたしの**神**」として信じなければならない理由も、イエス・キリストを「主」として信じなければならない理由も明らかにしてはくれないのです。しかしそれでもなお**普遍啓示**は、「**ある**（エヒィエー）」である**神**の存在としての叫びをわたしたちに知らせます。神は**普遍啓示**を通して、わたしたちの意識の場に先験的に刻まれた「善」、「美」、「愛」といった感覚的な抽象概念に働きかけて、**神**に向かってより善き生を生きるようにと、導くのです。そのようにして神は、わたしたちの霊（理性）に語りかけるのです。

わたしたちの知性は、その欲求として自分の信じる神あるいは神性を有する超越的な存在を認識することを求めます。知性は、「信じるがゆえに知解する」ことを求めるのです。神の存在証明は、知性の欲求に従った知的な認識のための思考実験だといえます。本書では、アンセルムスやデカルトの神の存在証明を紹介しました。他にもトマス・アクィナスが行った五つの証明もありますが、神が実在をすることを完全に証明しきった存在証明はありません。そこには人間や自然によって構成される**世界**を超越した神を、知性という認識や思考する人間の能力を駆使して、**世界**内に内在する人間や自然界の事物といったものを用いながら論理的に証明するところに起こる問題があります。無限な存在を有限な存在を用いつつ類推し、証明しようとすることによって起こる無理から生じる問題だと言えます。その無理が生じた部分が、神の存在の証明における論理の飛躍といった不完全さとなって現われ出ているのです。

結局、神が実在することは、「恩寵の光」を通して、**世界**がその光に照らされるとき初めて直観されるものなのです。それが啓示論における照明《イルミネーション》です。確かにわたしたちは、自然の壮大さや自然に潜む神秘に触れるとき、わたしたちの魂は「驚き」を感じ、言葉では「言い表せない」人間の存在を超えた超越者が実在していることを直観し、畏敬の念を抱くのです。それは**普遍啓示**のなせる業《わざ》であると言えます。

超越者が自然を通して自らを現す**普遍啓示**は、第一章第一節（本著30頁）で述べたように、日本における自然崇拝に見られます。たとえばそれは巨石や巨木をご神体とする信仰であり、それらの内に神性が宿り、それが神格化され神となる宗教です。これは、一種の一元論であり、アリストテレスの形相と質料の関係を応用すると理解できます。アリストテレスの形相と質料とは、事物を事物とするその本性（本質）が形相であり、それが実体を持ち事物として現れ出たものが質料だと言えます。この場合、事物の本性である形相が、現れ出た質料が何であるかを規定します。例えば、ブドウには、味や形や色といった知覚において経験可能な具体的な要素があります。これらは質料です。この質料を器として、その質料の中にブドウをブドウならしめる目に見えない本質である形相があるとアリストテレスは考えるのです。ですから、本来は巨石や巨木には、石や木の形相（本性）があり、それが具体的な石や木と言った形状（質料）となって現れ出ているのです。ところが、その巨石や巨木に神性を感じるという事態は、その石や木に神性がその本性として内在したがゆえに、形相として現れている石や木が、外見は石や木であるにもかかわらずご神体となるのです。

このような考え方は、カトリック教会の化体説《かたいせつ》（ローマ・カトリック教会の正統教義。ミサにおいて、パンとぶどう酒が、その実体においては完全にキリストの肉と血に変化するという信仰。）における聖変化の考え方にも見られます。カトリック教会の聖体拝領における御聖体であるパンとぶどう酒は質料としてはパンとぶどう酒ですが、それが司祭によって祝福されるとき、パンとぶどう酒の本性（形相）がイエス・キリストの体（質料）の内にある神の子としての本性（形相）に変化するのです。そのため、本性（形相）がイエス・キリストの神の子としての本性（形相）に変化したパンとぶどう酒は、外見上の見た目（質料）はパンとぶどう酒のままなのですが、そこにあるものは、もはやパンでもなくぶどう酒でもなくキリストの御体《みからだ》なのです。

このように、形相が質料をもって実在するというアリストテレス的な一元論においては、神は実体をもってこの形而下（感性的経験で知り得るもの。時間・空間の中に形をとって現れるもの。）の**世界**に内在します。この場合、アミニズム的（人間の霊魂と同じようなものが広く自然界の事物の中にも存在するという考え。）にすべての事物がそれぞれの異なる神性を、それぞれの質料に内在させているとすれば多神教となりますし、一つの神性が、様々な事物に内在するとすれば、世界の様々な事物の中に内在することになり、それは結局のところ一つの神性が分割されることになるか、あるいはすべてのものの内に神が内在する汎神論（英：pantheism《パンセイズム》）となります。

逆に、**神**が事物としてこの形而下の**世界**に内在していないとすると、神は必然的にこの**世界**の外にある形而上の世界に存在する超越者だということになります。だとすれば、この世界を超える超越者である**神**がこの**世界**に内在することは、人間の「知性」では理解しがたい明らかな矛盾です。この矛盾を知的に解決するとするなら、超越者と世界とが決して混ざり合わない二元論にならざるをえません。そのような二元論に陥ることなく、汎神論にも陥ることなく、世界に対して超越者である**神**が内在するとすれば、**神**は、**神**が世界内に内在するのではなく、世界が超越である神の内に内在する万有内在神論（panentheism《パネンセイズム》）の**神**であることになります。その関係は**神**が世界内に自らを現す方向性においてのみ成立する「不可逆」の関係になります。人間の知性とその知性内の言葉は、超越が内在する事態を認識できず、また把握できないからです。自らの中に**世界**を内包する超越者である**神**は、超越と内在という矛盾する「不可同」な関係を、**世界**を内包するがゆえに「不可分」なものとして、**世界**内に自らの実在を「**わたしはある／いる**」という**存在**として現すのです。

## 第二節　神は言葉として世界の内に住む

万有内在神論が描く世界観において、この**世界**内に存在する事物は**神**ではありません。事物はハイデッガーの言葉を援用するならば**存在者**としてあるものです。その**存在者**を通して、神の存在が現れ出るのです。ですから、事物の神性を感じ取ることがあっても神の神性が事物の中に宿っているわけではありません。もちろん、**存在者**と**存在**の関係はあくまでも、この世界内の事物の存在の在り方について述べているものです。**存在**と**存在者**との関係は、内在する神の存在の在り方を説明するのに用いるには有用ですが、超越者である神がいかにこの**世界**に内在するかについては語っていません。ですから、超越者である**神**が内在する矛盾は残されたままで、**神**は依然としてわたしたちの知性では理解できない謎なのです。

ただその矛盾が、**神**の語る「**私**は『わたしはある』というものです」という**神の言葉**によってわたしたちの「知性」を突き抜けて、超越者である**神**が内在する**神**でもあることをわたしたちに示し現わします。だからこそ、「**神がある**」ということは、理解する事柄ではなく、了承する信仰の事柄なのです。

**神の言葉**は、人間の「知性」の外側にある言葉です。その**神の言葉**が語られる場が啓示という場なのです。この啓示による言葉が、超越と内在という相矛盾する両者を結びつけるのです。

**神は**、**言葉**としてこの世界に内在するのです。この典型的な事例を、わたしたちは列王記上19章9節－13節にある預言者エリヤの経験に見ることができます。

エリヤは、そこにあった洞穴《ほらあな》に入り、夜をそこで過ごした。すると主の言葉が臨んで、「エリヤよ、あなたはここで何をしているのか」と言われた。エリヤは答えた。「わたしは万軍の神、主に非常に熱心に仕えてきました。ところが、イスラエルの人々はあなたとの契約を捨て、祭壇を壊し、預言者たちを剣にかけて殺しました。ただわたしだけが一人残ったのですが、彼らはこのわたしの命までも取ろうと狙っているのです。」主は言われた。「出て来て、この山中で主の前に立ちなさい。」主が通り過ぎて行かれると、主の前で非常に激しい風が山を裂き、岩を砕いた。しかし、その風の中に主はおられなかった。風の後に地震があった。しかし、その地震の中に主はおられなかった。地震の後に火があった。しかし、その火の中に主はおられなかった。火の後に、かすかにささやく声があった。それを聞くとエリヤは外套で顔を覆い、出て来て、洞穴の入り口に立った。すると声があった。「エリヤよ、あなたはここで何をしているのか。」

このときエリヤは、王妃イゼベルから命を狙われ、失意の中で逃亡する者でした。まさに希望を奪われた絶望状態の中にあったのです。そのエリヤに、**神**は自らを現されるのですが、風や地震や火という事象の中に自らを現したのではありません。静かなささやく声として自らを現したのです。

預言者とは**神の言葉**を語るものです。その預言者であるエリヤに、**神**はささやく声として語りかけることで、自らを現しておられるのです。ささやく声として自らを現す**神**は「エリヤよ、あなたはここで何をしているのか」と問われるのです。エリヤは失望と絶望の中にいます。同じ列王記上19章4節には「主よ、もうたくさんです。わたしの命を取ってください。わたしは先祖にまさってなどいないのですから」というエリヤの言葉が記されています。

そのエリヤに、**神**は静かにささやく声をもって語り、**私**は「**ある**」ことをお示しになります。その**私**は『**ある**』という**神**を求めてエリヤは洞穴の入り口に立つのです。エリヤの姿は、「わたしは『**ある**』」という**神**の名を呼び求める者の姿です。そして「わたしは『**ある**』」と名を呼ぶエリヤに、「あなたは、ここで何をしているか」と問われます。それによって、エリヤの「わたしがある」、すなわちエリヤの預言者としての自己が立ち現れてくるのです。

　このエリヤの物語は、私にとっては東日本大震災の出来事の中で新しい物語として語り直され、物語られていきます。東日本大震災の津波による「神も仏もあるものか」と思わざるを得ない絶望的な風景の中で、私は、私がもっている福音の言葉は「何の意味をもたない」と認めざるを得ない失望を感じていました。その状況の中で、神は「それでも**わたし**はいる」という言葉をもって、「**救い／掬い**」をもたらす神自身の**存在**を示されたのです。「**救い／掬い**」の神の「それでも**わたし**はいる」は、牧師としての私の「わたしはある」を立ち現わし、生きるべき道を示してくださったのです。その結実が、前著『人生のすべての物語を新しく』として、また本書となっていると言えます。このことは、啓示というものが目的をもっているということをわたしたちに教えてくれます。それは、超越者でありつつも、**神の言葉**としてこの**世界**に内在する**神**のゆえなのです。

　神は人間の五感では認識不可能な存在であり、**世界**を超越した**世界**外の存在です。その**神**が、言葉として世界の内に身をおき、世界内の存在になるのです。これは、超越者であることをやめて内在者になることではありません。むしろ、神は本来この世界に対して超越者であるにもかかわらず、世界を自らの内に包み込み、世界を超越しつつ言葉として内在するのです。それは、あたかもリンゴの実を包み込む皮のようなものです。神は、わたしたちの知性内にある言葉を用い、神の言葉として現れることをよしとされます。そこには神の自己限定があります。

しかしそれでもなお、神はわたしたちの知性外にあります。その超越者であり内在者である神が、もっとも先鋭的な姿としてこの世界に現れたのが、人となられた神であり、言《ことば》（ギ：λόγος《ロゴス》）であるイエス・キリストです。このイエス・キリストにおいて、啓示者としてのイエス・キリストと啓示そのものであるキリストという特質、すなわち神人《しんじん》という二重性が現れ出てくるのです。その二重性のゆえにイエス・キリストの生涯が、私たちが倣って生きる模範となるのです。

## 第三節　啓示の目的

啓示は神の自己開示です。だとすれば、なぜ隠された神が、自分自身を開示するために自分語りをするのでしょうか。ある人は、神のことを知らしめることそれ自体が目的であると考えるかもしれません。それは、ある意味において間違ってはいません。普遍啓示を通して目に見えない神が実在することが確信されて、はじめてわたしたちの内にある「神を信じ、神に応答する」という能力が発露されるからです。ですから神が、その存在が「ある」ことを知らせる意味で、ご自身のことをわたしたちに知らせます。ただ単にその存在を知らせることだけが目的であるとすれば、人が神の存在について知りさえすれば、啓示の目的は完成されることになります。本当にそうなのでしょうか。

別の人は、神は自分自身についての知識や情報を知らしめようとする存在であるというかもしれません。これについては、私は同意しかねます。もちろん聖書を用い、推論によって神に関する事柄を間接的に洞察することはあるでしょう。しかし、啓示の目的は、神についての知識を命題的に伝えるものではありません。たとえ啓示を通して神についての知識や情報を知り得ることがあっても、それは啓示が本来意図するところではありません。その意味では、聖書には神についての命題的真理があるわけではなく、神は依然として謎だと言えます。

出エジプト記20章4節、5節には次のような言葉があります。「十戒」のなかにある言葉ですが、次のように記されています。

あなたは自分のために彫像を造ってはならない。上は天にあるもの、下は地にあるもの、また地の下の水にあるものの、いかなる形も造ってはならない。それにひれ伏し、それに仕えてはならない。わたしは主、あなたの**神**、妬む**神**である。[113]（**ゴチック体**は濱による）

これは、一般には偶像礼拝についての戒めと言われています。それはそれで間違ってはいませんが、単なる偶像礼拝を禁じる言葉以上の響きをもって聞こえてきます。それは、地の「いかなる形」をもっても神を表すことがいかに的を外した行為であるかを指摘する言葉でもあるからです。天地にある「いかなる形」は、わたしたちが知覚を通して認識した「形」です。それは、わたしたちの意識に映し出された「形」であり、脳内の記憶に一つの像《かたち》（ラ：imago《イマーゴ》）として刻まれます。このimago《イマーゴ》は、人間の意識の中に映し出された像《かたち》であり、いうなれば人の像《かたち》（imago humanibum《イマーゴ フマニブゥム》）とでも呼べるものです。つまり、天地にある「いかなる形」は、わたしたちの脳に知識として刻まれたimago《イマーゴ》であり、それを像《かたち》に刻むということは、人間の知識内に神を収めることでもあるのです。しかし**神の像**《かたち》（ラ：imago Dei《イマーゴ デイ》）はわたしたちの知識の中にはありません。それはわたしたち人間の

113この箇所は、十戒において第一戒にいれるか、あるいは独立させて第二戒にするかについては、カトリック教会・ルター派教会と正教会・聖公会・改革派教会とで見解が分かれる。前者は第一戒の一部として数え、その代わりに最後の第十戒を他人の妻を欲することと他人の財産を欲することの二つに分ける。

本質であり、わたしたちの霊です。**神**がわたしたち人間の像《かたち》の中にあるのではなく、わたしたち人間が**神の像**《かたち》の中にあるのです。したがって、聖書の中に、**神**に関する命題的知識があると考えるならば、それもまた人間の知性を超えた**神**を、わたしたちの知性の認識内で想い描かれる像《かたち》の中に収めることになります。それは**神**の矮小化と言えるものであり、かつ神人同形論であって、一種の偶像を刻むことに繋がるものだといえます。

私は、聖書を通した推論によって間接的に神について洞察し、知識を構築することを否定はしません。むしろ務めてそうすることが大切であると考えます。同時にその営みは、あくまでも神学という人間の知的営みの結果であって、神学それ自体は**神**による啓示そのものの解明ではないことを告白せざるを得ないのです。啓示は私たちに対する神の熱情《パトス》を指し示す指です。○[114] 神学は、啓示に対する人間の認識であり、認識した事柄への応答です。私自身が、そのことを自覚し、怖れを感じつつ神学するのであって、本書もまた、そのような怖れのもとでなされた神学的結果の一つでしかありません。

いずれにしても、**神**が自らをわたしたちに知らしめるのは、「**神**を信じ生きる信仰」へと導くためです。**神**に対する命題的に知る認識によって信じる信仰ではなく、**神**の語る言葉に耳を傾け、聞いた言葉に応答し、神の語りかける言葉に従う信仰であると言えます。**神**がそのような「信仰」にわたしたちを導くのは、わたしたちが**神**の民であるがゆえに**神**の民として、また**神**の子であるがゆえに神の子として生きることにほかなりません。つまり信仰は、単に信じることだけで終わるものではなく、そこに「信じて生きる」ことを含むのです。それは、最終的にわたしたち人間の生を変革し、人を人として本来あるべき姿に形成することを目的としています。それは、わたしたちという括《くく》りの中にある「わたし」という存在にとっては、神の民とされた「わたし」が、神の民である「わたし」となるために、神が語りかける「神かく語れり」なのです。旧約聖書の啓示が、律法という人間の生き方を問い、教える形をとって表されたのはそのためです。

　このように申し上げますと、即座に「神を信じるためには、神についての知識や情報がなければ、神を信じる信仰など起こらないではないか」という反論の声が聞こえてきそうです。たしかにそれは正論だと言えます。しかし、信じることは、知って判断する前に信頼することです。神の言葉は、わたしたち人間全体に向けて語りかけられます。それだけではなく、ひとりの人間としての「わたし」個人に向けても語りかけてくるのです。その神の語りかけを経験し、そこで語られた言葉を信頼することから信仰は始まるのです。

　神が人間に啓示を通して語りかけるのは、わたしたちに神についての知識を得させるためではあ

114 このときわたしたちは、イエス・キリストという存在は、啓示する者であると同時に啓示される者であると言う二重性を見落としてはならない。それはイエス・キリストは私たちに対する神のパトスを指さす指であると同時に指さす先にある神のパトスそのものでもあるという二重性である。

りません。むしろ神は、圧倒的な熱情《パトス》をもって神を信頼し、神の民として生きさせるために語るのです。

もちろん、啓示の言葉を通して神についての命題的知識を推論することはできるかもしれません。しかしそれは、人間の知性による神学的な営みによる推論ではあっても、神学の主たる目的ではありません。神学は、圧倒的な熱情《パトス》をもって、わたしたちを神の民として生きさせようとする**神の言葉**に対する応答なのです。ですから、啓示の言葉を通して推論された命題的な神に対する知識を叙述するような神学的試みも、それが真の神の姿を完全に正しく叙述しているとはいえません。推論はどこまで行っても推論なのです。実際、神は生きた神であり、歴史の中で働く神です。その生きて働く動的な神を、静的に切り取られた言葉で語りつくすことなどできません。ですから、神は謎です。謎である神の熱い熱情《パトス》がわたしたちの心を揺り動かす時、わたしたちは神を信じるのです。神が理解できたから信じるのではありません。神が謎のまま、神を信じるのです。

このように考えると神を知ることも、また神学がもつニュアンスも違ってきます。先にも述べたように、神学は神を信じる信仰がなければ始まらない前提のある学問です。その前提である信仰には、「生きる」ことが含まれています。だとすれば、神学が単に思弁に終わってしまうなら、神学は神学としての機能を失ってしまいます。神学は、ただ思惟し思索することで終わってしまうものではなく、思惟し思索された神学を生きることによってはじめて意味を成すものなのです。

神は自らを現します。自らの存在を神として知らしめ、人を「神を信じる信仰」に導きます。しかしそれは、人が神に関する命題的真理を知識として知るためではありません。「神を信じる信仰」に至った人間が、「神を信じる神の民」となって「生きる」ためなのです。神はそのことを求めて自らを人に開示するのです。つまり啓示は、わたしたちが神の前に生きるための「命」をもたらすものなのです。だとすれば、啓示を土台とする神学は、わたしたちの前に、その命を生きる道を開くものであると言えるでしょう。

## 結びの言葉として

**神**は「言葉」としてこの**世界**の内に存在し、あらゆる事物・事象を通して、みずからの「わたし はある／いる」を語っています。ですからこの**世界**の内のいたるところで**神の言葉**は響き渡ってい ます。だからといってすべての人がキリスト者になるわけではありません。なぜなら、「わたしは **ある**」という名乗りにおいて、主語となる「わたし」は一人称単数の代名詞であり、この「わた し」は、特定の何かを指し示すことのない、言い表すことのできない名もなき超越者だからです。 この「名もなき超越者」は、人が自分の過去の記憶を遡り、その記憶によっていかようにも名づけ られる**存在**それ自体なのです。**神**にもなり、天照大御神《あまてらすおおみかみ》にもなり、仏《ほとけ》にもアッラーにも、自然に 宿る精霊にもなります。ですから、この自然の中にある神秘を感じ取り、そこに名もなき超越者の 存在の「**ある**」を直観的に感じ取る能力が、様々な自然崇拝を興し、多くの宗教を興していきます。 日本の巨石信仰に見られる自然崇拝などはその典型的一例と言えるでしょう。それは、わたしたち の理性に先験的に刻み込まれた、「善」、「美」、「愛」や「崇高さ」「偉大さ」といった抽象概念と結びつき、形而上学的世界を感じ取る霊の能力に働きかける**普遍啓示**の働きなのです。

そのことについて、私自身の神学形成に大きな影響を与えた宗教的経験があります。それは、私が二七、八歳のころの出来事です。当時大阪に在住していた私は、京都の街が好きで休日になると、京都に出かけ、いろいろな寺を巡り歩いていました。それは、寺にある庭を見るためです。ある時、広隆寺（太秦寺）に行き、そこにある弥勒菩薩像《みろくぼさつぞう》（正式名称：弥勒菩薩半跏思惟像《はんかしゅいぞう》）を拝観していました。その際、私はその弥勒菩薩像の美しさに引き込まれると同時に、そこに手を合わさずにはいられない「崇高さ」を感じている自分に気が付いたのです。当時の私は、まだまだ物事を深く考えてはいませんでしたので、その「崇高さ」が、弥勒菩薩像を通して立ち現れる「あって有る」神の存在の現れであるとは気付かず、愚かにもその「崇高さ」を弥勒菩薩像そのものと結びつけ図式化し、そこに偶像礼拝的な怖れを感じ、逃げるようにその場を立ち去りました。また、西本願寺の本堂に入った際に、その場に漂う霊的な雰囲気に、そこに「なにものか、おわしませるかはしらねども」という西行の心情に通じるものを感じるといったこともありました。まさに、その場におわしませる「崇高さ」と「偉大さ」を兼ね備えた「名もなき超越者」の**存在**それ自体を感じ取っていたのです。それは、まさに**存在者**を通して名もなき超越者を感じるという一種の**宗教経験**だったといえるでしょう。ただ当時の私は、その「名もなき超越者」が、その時すでにキリスト者であった私の信じる神とは結びつかなかったのです。だから、そこに偶像礼拝的な怖れを感じたと言えます。

そして今、宗教哲学的視点から、私自身のあの宗教経験を振り返る時、私が弥勒菩薩像を通して直観した崇高で偉大な名もなき超越者を、より具体的な人格的存在として言葉化して認識するためには、その名もなき超越者に具体的な名前を名付けなければなりません。そしてキリスト教では、その名もなき超越者を**神**と名付けて呼ぶのです。

私は、あの弥勒菩薩像を前にして、思わずてを合わせてしまいそうな崇高さと偉大さに魅入られました。それは一種のヌミノーゼ的経験です。でも逃げ出す必要はなかったのです。ただ、「ああ、ここにも私が信じる**神**の存在と栄光が立ち現れている」と**神**を見上げれば、それでよかったのです。もっとも、神という名は、一般名詞であり、固有の名ではありません。実際、**神**自身は自らの名を、「わたしはある」（ヘ：エヒィエー）と呼んでいます。[115] この「わたしは**ある**」という名は、わたしたち人間が名づけた名前ではありません。まさに**神**の自己開示であり、啓示の言葉としての名乗りです。この名乗りは、**神**が特定の主語では言い表すことのできない**存在**そのものであることを物語っています。

このことは、**神**という名それ自体が絶対的ではないことを意味しています。**神**という呼び名は、あくまでも、わたしたちの側から呼ぶ際の呼び名であり、**神**そのものの固有名詞ではないからです。しかしそれでもなお、わたしたちは、この「わたしは**ある**」という言葉の、主語に置かれている「わたし」を無化して「**ある**」とし、それに一般名詞の神という呼び名を主語として冠することで、わたしたちは「**神**はいる」という共通の言葉を得ます。

こうして**普遍啓示**において「**ある**」と述語をもってのみ直観された感覚が、「神はいる」という認識に至り、超越的存在の神性が「**ある**」という確信に落とし込まれるのです。これが、キリスト教宗教哲学の視点から見た「傘の神学」の**普遍啓示**論であり、神認識の過程です。このような神認識の過程は、人間の知性内で行われます。つまり、わたしたちがここで見て来た事柄、すなわち、これまで**普遍啓示**として理解していた「神はいる」という認識は、**普遍啓示**そのものではなく、自然神学の営みの結果なのです。**普遍啓示**とはその土台となる「**ある**」という**存在**それ自体に対する直観として現れ出る**存在**の本質、または根源がもつ神性に対する直観がもたらす気づきです。そしてそれはキリスト教の**神**への気づきでもあるのです。

**普遍啓示**は、**神**がわたしたちの意識へ直接的に切り込んでくる神の参入です。そして自然神学とは、この**普遍啓示**に基づいて、わたしたちの五感である知覚を通して、この**世界**に存在するもの

115 旧約聖書出エジプト記三13－14を参照のこと。ここでモーセが神の名を問うた時、神は「私は『わたしはある／いる』というものである」と答えている。たしかに、その前後において、神は自らを、「アブラハムの神、イサクの神、ヤコブの神である」と自らを神という言葉で示している。しかしそれは、様々な神と呼ばれる存在の中で、「アブラハムが神と呼び、イサクが神と呼び、ヤコブが神と呼んだものである」ということであり、アブラハム、イサク、ヤコブとの人格関係にあることをしめしたものである。

（**存在者**）すべての根源を、被造世界を通して見い出し、名づけようとする人間の知的試みなのです。

この神認識の過程における名もなき超越者の名づけ方の違いによって、同じように**普遍啓示**から出発しても、まったく違った宗教が産みだされてきます。それは、世界に響き渡る**神の言葉**のゆえなのですが、そこには問題もあります。神の言葉が世界に響き渡っているにも関わらず、神の言葉がこの世界の内にあり、「この世」を支配する罪の力によって閉ざされ、あたかも存在しないかのように隠蔽され、わたしたちの心もまた神の言葉に耳を閉ざしているのが現実です。もちろん、それでも神は、私たちに語りかけ続けています。そこに、救済論の役割があり、イエス・キリストの十字架と復活の意義が生まれてくるのです。そういった意味からしても、わたしたちに関わり、わたしたちを「**救う／掬う**」**神**を知るには、**普遍啓示**とは異なり、かつ**普遍啓示**のもとにあってより叙述的に語られる啓示が必要となってきます。同時にそれは、人間の知性外の言葉でなければなりません。カントが指摘したように、人間の知性内の言葉は人間の知性の外にある**神**について語ることができないからです。その必要を満たすものとして、**普遍啓示**の下に置かれ、しかし**普遍啓示**とは異なる人間の知性を超えた知性外からの言葉が必要となってくるのです。その知性外の言葉が、神からわたしたちに与えられています。しかもそれは、**普遍啓示**が「善」、「美」、「愛」といった感覚的概念に働きかけ、わたしたち人間を、神の前により善い生を生きる者へと導くものであるように、人間の存在の在り方や生き方（**神の肖**）を示す言葉なのです。なぜならば、「**救い／掬い**」は、私たちの生のすべてと存在のすべてを掬い取り、わたしたちの生き方を変革するものだからです。その「**救い／掬い**」をもたらす言葉が、キリスト教においては**特殊啓示**と言われるものです。このことは、論証不可な信仰であり、神学の信仰的前提なのです。

ところで、ここまでの話の流れから、ひょっとすると**普遍啓示**は欠けのある啓示であり、**特殊啓示**によって補完されるべきものであるかのように思われるかもしれません。しかし、それは正しいとは言えません。確かに、中世のスコラ神学の信仰と理性の関係を捕らえる際の基本的テーゼ（命題）となったトマス・アクィナスの「恩寵は自然を破壊せず、むしろこれを完成する」という言葉は、一見すると自然（**普遍啓示**、理性、哲学）は恩寵（**特殊啓示**、信仰、神学）によって完成されなければならない不完全なものであるかのような主張に見えます。しかし、この言葉は、**特殊啓示**の**普遍啓示**に対する一方的な優位性を示しているわけではありません。むしろ、トマス自身が「恩寵が自然を、完成が完成されるべきものを前提とするように、信仰は自然を前提とする」[116]と述べていることからも分かります。神的存在があるという事が直感されていなければ、どんなに**特殊啓示**が神について語ろうとそれは虚しい言葉なのです。そのように、自然に現れ出る啓示は、むしろ私たち人間と**世界**の本来あるべき姿を示していると言えます。まさにそれは神の内に世界が内包されてお

116 トマス・アクィナス『神学大全』一・二・二、第一異論解答。

り、**世界**が**神**と「不可分」「不可逆」「不可同」に存在する現実です。それは、私たち人間が**神**の「**ある**」と共にある存在として「神、我らと共にいます」（インマヌエル）という真の**自己**の姿を生きることです。そのために、**普遍啓示**という直観に働きかけるによる**神の言葉**と、キリストや聖書という形で示された**特殊啓示**を通して認識に働きかける**神の言葉**があるのです。ですから啓示は、**普遍啓示**と**特殊啓示**という**神**の行為の全体性（統体性）の中で一つに結びあわされているのです。それは啓示に基づく神学の前提に信仰があることと一致します。

ですから、**普遍啓示**と**特殊啓示**、このどちらかが欠けても、キリスト教信仰は成り立ちません。**特殊啓示**は**普遍啓示**に包まれています。仮に成り立ったとしても、その信仰はいびつな信仰となってしまうでしょう。そこでは「**神**は**ある**」という信仰の根幹にある前提もまた移ろいやすいものとなってしまうからです。

# おわりにあたって

「考えるな。感じなさい。(Don't think. Feel)」。この言葉はブルース・リーの映画『燃えよドラゴン』の冒頭のシーンで主人公である拳法の達人が弟子の少年に語った有名なセリフです。この主人公は「考えるな。感じなさい」と言った後、その言葉の意味を次のように言います。「感じるということは、月を指す指のようなものだ。指に集中してはならない。そうしないと天のすべての栄光をうしなってしまう(It's like a finger pointing away to the moon. Don't concentrate on the finger, or you will miss all the heavenly glory.)」。この書を書き終わった私は、今、改めてこの主人公が語った言葉を思っています。それは、この書の性質を見事に言い表しているように思うからです。

私は日本で教育を受けてきました。日本の教育は、西洋の論理主義が土台にあります。私はその土台に立ち、キリスト教のことを理解しようと努めてきました。それは西洋哲学を土台に構築された神学の枠組みの中でキリスト教の信仰を考えようとする作業です。それはそれで有意義なことです。考えて考えて考え抜いた先に、考えることでは得ることのできない信仰の世界を頭で理解するのではなく心で感じることができるからです。神学は、この心で感じる信仰の世界を指さす指であり、本書もまた指に過ぎないものです、

拳法ではありませんが、私も四二歳になって剣道の稽古に通うようになりました。学び始めてしばらくして、私は師匠にいろいろな稽古会に出稽古に行きたいと相談すると、「三年間はどこにも行かず自分からだけ学べ」という返事が返ってきました。その時、次のように言われました。「剣道は武芸です。芸事には『守破離』という考え方があります。『守』とは自分の流派、師匠の教えをひたすら学び、それを身につけることです。それを身につけてから、それまで学んだところを突き破り他流派の教えを学び自分の型《かたち》を探すのです。これを『破』と言います。そして自分の型《かたち》が出来上がったならば、それが今まで学び身に着けたものから離れ出た自分の型《かたち》になるのです。それが『離』ということ。あなたはまだ『守』の段階です。だから、三年間はわたしの下で、わたしからだけ学びなさい」と。

この師匠の言葉通り、私は三年間、この師匠の教えることだけを学びました。三年を過ぎると、師匠の許しのもとで、私もあちらこちらの稽古会に顔を出すようになり、色々な先生方から教えをいただくようになりました。私の師匠は、それを黙って見ていてくださいました。私の「破」を見守ってくれていたのです。残念ながら、剣道修行は十五年ほどで終わってしまい「離」まで到達することはかないませんでしたが、師匠の言われた「守破離」の教えは私の心に強く残っています。

思えば、私がまだ東京聖書学院で学んでいたころ、私の神学の師である小林和夫先生は、私に「牧師になっても二〇年はわかったような口はきくな」と釘を刺されました。それは、私に自分の信仰の基礎となる土台ができるまで、自分たちの教会の伝統と教えをしっかりと学び、神学するうえでの基礎を身につけなさいという意味であっただろうと思います。私にとって、日本の福音派の牧師としての基礎をつくる「守」の時代であったと思います。それは、福音派の教えを学ぶという神学という指に集中する作業であったと言えます。

それから一〇年ほどたったとき、小林先生からルーテル学院大学の徳善義和先生の門を敲《たた》き学べと言われ、一〇年ほど、ルーテル学院大学の公開講座に通いました。そこでは徳善先生の授業だけでなく、鈴木浩先生の授業等々にも参加させていただき、ルター神学や東方教会神学などの手ほどきをいただきました。その後、立教大学院で学び、阿部善彦先生や梅澤弓子先生、久保田浩先生といった方々から御教授いただきました。私にとっての「破」の時代です。

立教大学院では、本当に多くのことを学び考えさせられました。久保田浩先生からは、キリスト教の歴史がもつ宗教的・文化的な暴力性や植民地主義的性質を通して、ポストコロニアニズムの時代のキリスト教の在り方について教えられ考えさせられましたし、梅澤弓子先生からは、「無の神学」の神学者たちの思想を通して、従来の「有の神学」の視点から構築された神学の言葉を見直すことを学び、それが、私が「傘の神学」というものを考えていくうえで大きな役割を果たしました。

また阿部善彦先生は、修士論文『エラスムスの *Enchiridion militis Christiani* における霊の完全性――霊肉二元論と霊肉魂の三元論に基づく考察』の指導教員として、私の研究テーマであったエラスムスの人間観の研究にあたって多くの示唆を与えてくださいました。その際、情念と理性の関係における古典的伝統と聖書的伝統の関係についてご示唆いただいたことは、私の人間理解にとって極めて重要な気づきとなりました。私の「傘の神学」の営みにおいて、ルネサンスから英国ヒューマニズムを通ってエラスムスに流れ込み醸成された人間観は欠かせないものです。

また阿部先生には、信仰と神学との関係において、安易に信仰という言葉の中に逃げ込んで考えることをやめるのではなく、徹底的に考え抜いて、もうこれ以上考えられないというところまできて、初めてそこから先が信仰による知解の世界に入るのだという神学の姿勢を徹底して教えていただいたことは、本当にありがたいことでした。これらの先生方は、学恩尽きない方々で、いただいたご指導は、まさしく私にとっては、西洋哲学を土台とした神学の枠組みを突き破る「破」となる学びであったと思います。またエラスムスの研究に当たっては、阿部先生と共に木ノ脇悦郎先生や金子晴勇先生、そしてアジア神学大学院の牧会学博士論文『エラスムスの神学思想における人間形成――*Enchiridion militis Christiani* の人間論と聖書解釈、およびサクラメント理解を通して』を書く際にご指導くださった藤本満先生にも感謝したいと思います。これらの先生方とのお交わりとご指導は、実にエキサイティングな経験です。

こうした歩みのひとつひとつが、福音派という枠組みの中に身を置きつつも、私という人間の型《かたち》にあう神学の言葉を構築していく糧となっています。前著『人生のすべての物語を新しく』も本書も、その結実であり、福音派の牧師として、福音派の伝統に留まり、そこに立ちつつ自らの言葉の中でDon't think. Feel の世界を語る「離」を目指し歩んできた私の歩みの一道程であると言えます。

本書は後日、出版予定の「**特殊啓示論**」と共に2020年に初稿を書き終わりましたが、出版にあたって何度か書き直しを行いました。その作業中、学恩ある徳善義和先生の訃報が入りました。先生には私がアジア神学大学院の論文を書き始めた当初の一年余の間ご指導をいただいたのですが、その際、「君の書く論文はいかにも説教者の書く論文だ」とのご感想をいただいたことがあります。おそらく本書もまた、徳善先生に「いかにも説教者が書いた本だ」と言われるだろうと思います。

前著は、六〇歳の声が聞こえてきた際に、私の家族に向けて書き残す遺書として書いたものですが、六〇歳を超えると、より一層自分の死というものを考えさせられます。本書には、前著のような遺書という思いはありませんが、しかしそれでも、これからの若い牧師や神学生、そして信徒の方々の「破」のために、何かお役に立てる言葉を残せないかという思いを持ちつつ書かせていただきました。そこで行き着いたことは、「直観は認識に先行し、認識は直観に従属する」ということです。この直観は、私たちに**宗教経験**をもたらします。この宗教経験は、知的理解や熱狂的な感情的高揚でもなく、ただ私たちを取り巻く世界の中にあって私は「**ある**」という神の静かな、ささやく声を感じ取ることの中にあるのです。もちろん、直観は認識に先行しますが、直観だけでキリスト教を語るのは危険です。直観は、知性においてしっかりと思惟され言葉化されていかなければなりません。そこには神学するという脳が汗をかくまでの知的営みと苦しみが絶対的に必要なのです。そして、その神学するということの土台に**特殊啓示**としてのイエス・キリストがあります。この**特殊啓示**としてのイエス・キリストと聖書が正典として機能しているところに**特殊啓示**の真の意義があるのですが、これについては**特殊啓示**について記した次著で述べたいと思います。

しかしそれでもなお、まず神を直観するという Don't think. Feel. の宗教経験あっての神学なのです。この神を直観する宗教経験が、神学の言葉によって認識となります。そしてさらにその神学について学び、考えて考えて考え抜くとき、改めて心で感じる信仰の世界が開けます。ここにも Don't think. Feel. が機能します。そして心で感じる世界が開かれたならば、また脳が汗をかくほどに考え、言葉を紡ぐとき再び神学が生成され、その神学がさらに信仰の世界を指さしていくのです。

こうしてみると、神学とは霊性に帰結していくことがわかります。まさに私たちが「神学する」とき、その神学は霊性神学へと帰結するのです。だからこそ、神学はいつも私たちに対する神の熱情《パトス》を指し示す指である啓示と向き合い、神を想う動的なものなのです。そして大切なことは、この神に与えられた動的な人生を神の前で「善」、「美」、「正義」、「愛」といったものに向かって精一杯生きることなのです。本書は、そのことを伝えたく書き記したと言えます。

このような「善」や「美」や「正義」、そして「愛」と言ったものは神の性質に属し、神の性質から生まれ出る概念です。それが「何であるか」について、私たちの知性は、経験を通して認識します。ですから、「それが何であるか」については経験の差異によって認識にずれが出てきます。しかし、それが求められるものであるということは、私たちの意識において直観され、その直観が私たちにそれらのものを求めさせるのです。ですから、私たちが「善」や「美」や「正義」そして「愛」といった生得的な抽象概念を追い求めるとき、私たちは必然的に「言い表せない」神を求めているのです。だからこそ、「神も仏もあるものか」という事態のただ中で、それでもなお「神はいる」という言葉が頭の中に響き渡るのです。ここに、本書において、一般啓示を**普遍啓示**と呼んだ意味と意義があります。**普遍啓示**は、世界のすべてのことを通して神が直観されるということと同時に、世界のすべての事象を通して、私たちに「善」や「美」や「正義」そして「愛」といったものを求めるわたしたちの**熱情**《パトス》によって、すべての人は、神を直感し、神を求めているという事態を示す言葉なのです。そしてこの求めが、わたしたちを人間形成の道に導くのです。そこに私の神学、すなわち「傘の神学」のもつ人間形成的救済論があるのですが、それは、私たちの内に**神の像**《かたち》が刻み込まれ、神が私たちと共におられるからなのです。ですから、私たちの**熱情**《パトス》は、私たちの内にいる神の**熱情**《パトス》から来るものなのです。

もっとも、このような言説は、キリストや聖書と言ったいわゆる**特殊啓示**と呼ばれるものはもはや必要ないのではないかという疑念を与えるものであるかもしれません。しかし、そうではありません。**特殊啓示**は**特殊啓示**で、その正典性において絶対的に必要な意義と意味を持っています。なざなら、正典は、私たちの生き方を正すものだからです。それについては、次に著す書において明らかにしていきたいと思います。

出版に当たっては、多くの人のご協力をいただきました。特に私の読みにくい独特な文章を校正してくださった中村文子牧師、細田あゆみ（Solae）氏、丸山峰子牧師、山本範子牧師に感謝します。また、同じように校正に参加してくださった、友人であり聖書学者の宮崎誉《ほまれ》牧師は、聖書学の視点からいろいろとご指摘くださいました。私の学びのフィールドは歴史神学と組織神学なので、ご指摘くださった内容を、歴史神学、組織神学の視点から考え、とらえ直せたことは本当に有益でした。また、本書において一般啓示を**普遍啓示**と読み換えましたが、その発案は宮崎牧師によるものです。執筆中、立教大学院の梅澤弓子教授のゼミで、梅澤先生と共にご指導を賜った鳥居雅志先生や小林和夫先輩の学ぶ姿勢はたえず私の範であり、またその励ましは執筆に向かう動力となっており感謝に堪えません。

本書のような書物は、あまり一般的とは言い難いにもかかわらず、出版を承諾してくださった出版社ヨベルの安田正人氏には、ただただ感謝です。また安田氏には、校正の際に多大なご協力とご指導をいただいたことも感謝します。

感謝をささげたい人は数多くいます。中でも私を信仰へと導いてくださった山口福音教会の故松田幾雄牧師、また信仰の育ての父であり母である小金井福音キリスト教会の前身である三鷹キリスト教会の故加藤亨《とおる》牧師と故加藤安子牧師には心から感謝です。わたしがまだ若かった頃に、わたしの信仰を支えてくださった永山進・千恵子牧師御夫妻の祈りとご指導に感謝します。こうして今、私が牧師としていられるのは、これらの方々のご指導のゆえです。そして何よりも家族に感謝しなければなりません。長女山口いずみとその伴侶の拓也君、次女近藤のぞみとその伴侶の剛史《つよし》君、孫の紘人《ひろと》、莉帆《りほ》また長男献吾、父文平、亡き母登美、二人の妹高木奈美恵、新道真砂恵、義父故三﨑岩夫、義母宜江、妻の姉三﨑ルツ子、高石めぐみとその伴侶泉氏に感謝します。特に、本書の出版を心待ちにしていた義父故三﨑岩夫が、本書の校正中に急逝し、出版された本書を見せてあげられなかったことは痛恨の極みです。そして誰にも優って愛する妻その枝に感謝します。この家族があるからこそ、「今、ここで」の私の生の物語があると言えます。その「今、ここで」の私の生を導き、ひとりの人間として形成し、完成へと導いてくださる神に感謝をささげたいと思います。

2024年　ペンテコステを前にして

濱　和弘

## 参考文献リスト

【脚注の記載した参考文献】

A・H・マズロー『改訂新版 人間性の心理学――モチベーションとパーソナリティ』、小口忠彦訳、産業能率大学出版部

アブラハム・H・マズロー『完全なる人間――魂のめざすもの』、上田吉一訳、誠信書房、2016年

アブラハム・ヘッシェル『人は独りではない』森泉弘次訳、教文館、1998年

アンセルムス『アンセルムス全集〈全一巻〉』吉田暁訳、聖文舎、1980年

磯前順一『宗教概念、あるいは宗教学の死』東京大学出版会、2012年

磯前順一・山本達也編『宗教概念の彼方へ』法蔵館、2011年

インマヌエル・カント『純粋理性批判 上・中・下』篠田英雄訳、岩波文庫、2020年

W・クロケット『ユーカリスト――新たな創造』竹内健太郎監修、後藤勉訳、聖公会出版、2014年

ウィリアム・ワーズワース『ワーズワース詩集』田部重治訳、岩波文庫、1957年

大木英夫『偶然性と宗教――現代の運命とキリスト教』ヨルダン社、1981年
エラスムス『エラスムス神学著作集』、金子晴勇訳、教文館、2016年
小高毅編『古代教会の説教』、シリーズ世界の説教、教文館、2012年
門脇佳吉「キリスト教と宗教をめぐって」『日本の神学二二号』日本基督教学会、1983年
金子晴勇『キリスト教思想史の諸時代I――ヨーロッパ精神の源流』、ヨベル、2020年
カール・バルト『カール・バルト教会教義学　創造論I／1　創造の業〈上〉』吉永正義訳、新教出版社、1984年
木田献一『神の名と人間の主体』、教文館、2002年
基督教古典双書刊行委員会編『信条集 前篇（オンデマンド版）』新教出版社、2004年
桑原博史『西行物語　全訳注』講談社学術文庫、2020年
小林和夫『栄光の富I』、日本ホーリネス教団、1987年
シュメーマン『ユーカリスト――神の国のサクラメント』松島雄一訳、新教出版社、2008年
ジョン・メインドルフ『ビザンチン神学――歴史的傾向と教理的主題』鈴木浩訳、新教出版社、2009年
上智大学中世思想研究所監修、J・A・ユングマン『古代キリスト教典礼史』石井祥裕訳、平凡社、1997年

関川泰寛『ニカイア信条講解――キリスト教の精髄』、教文館、1995年
関川泰寛『アタナシオスの神学の研究』、教文館、2006年
田川建三『新約聖書・訳と注2下　使徒行伝』、作品社、2011年
滝沢克己『純粋神人学序説』創言社、1988年
辻学『隣人愛のはじまり――聖書学的考察』シリーズ神学への船出01、新教出版社、2010年
デカルト『省察』山田弘明訳、ちくま学芸文庫、2021年
テモシー・ウェア『正教会入門』、松島雄一訳、新教出版社、2017年
西澤美仁『西行　魂の旅路』角川ソフィア文庫、2021年
野村茂夫『書経』、明徳出版、2013年
濱和弘『人生のすべての物語を新しく――シェルターの神学から傘の神学へ』、教文館、2020年
原口尚彰「パウロにおける愛の教説」『フェリス巨学院大学キリスト教研究所紀要1号』2016年
原口尚彰「ヤコブ書における愛の主題」『ルーテル学院紀要51号』2017年
藤巻充『キリスト教の起源』、日本ホーリネス教団出版局、1998年
ポール・F・ブラッドショー『初期キリスト教の礼拝』荒瀬牧彦訳、日本キリスト教団出版局、2006年

マルティン・ブーバー『汝と我・対話』、植田茂雄訳、岩波文庫、1993年
ユスティノス『キリスト教教父著作集・第一巻』、柴田有、三小田敏雄訳、教文館、1992年
ヨアヒム・ワッハ『宗教の比較研究』渡辺学・保呂篤彦・奥山倫明訳、法蔵館、1999年
脇本平也『宗教学入門』講談社学術文庫、1997年

【脚注に記載した文献以外の参考文献】

エドワード・W・ザイード『オリエンタリズム』、今沢紀子訳、平凡社、1986年
エミール・エリアーデ『聖と俗』、叢書・ウルベニタシス、法政大学出版局、1964年
エミール・デュルケーム、『宗教生活の基本形態――オーストラリアのトーテム体系　上・下』、山崎亮訳、ちくま学芸文庫、2014年
小田垣雅也『現代思想の中の神』、新地書房、1988年
小田垣雅也『憧憬の神学――キリスト教と現代思想』、創文社、2003年
小田垣雅也『コミュニケーションと宗教』、創文社、2006年
小野寺功『聖霊の神学』、春風社、2003年
オットー『聖なるもの』久松英二訳、岩波文庫、2010年
柴田有『滝沢克己の世界――インマヌエル』、春秋社、2001年

ジョン・ヒック『神は多くの名をもつ――あたらしい多元主義』、間瀬啓允訳、岩波書店、1986年
ブルンナー『人間――その現実と真実』、吉村善夫訳、1956年
八木誠一『本当の生き方を求めて』、講談社現代新書、1985年
八木誠一『回心イエスが見つけた泉へ』、ぷねうま舎、2016年
八木誠一『創造的空の道』、中川和夫編、ぷねうま舎、2018年
山崎亮『デュルケームの宗教学思想の研究』、未来社、2001年

【人名索引】

# 事項索引／人名索引

## 【事項索引】

**著者略歴：**
**濱　和弘**（はま・かずひろ）

1958年生まれ。1982年明治大学経営学部卒業後、一般企業で建材の営業に従事。1994年東京聖書学院卒業。その後立教大学大学院、アジア神学大学院で学ぶ。日本ホーリネス教団 静岡キリスト教会、土居キリスト教会、三鷹キリスト教会、およびキリスト信愛会小金井教会の兼牧を経て、現在は兼牧していた両教会を統合した小金井福音キリスト教会の牧師。2022年から相模原キリスト教会の兼牧。

**主な著書**：博士論文『エラスムスの神学思想における人間形成 —— Enchiridion militis Christiani の人間論と聖書解釈、およびサクラメント理解を通して』（アジア神学協議会、2019)、『人生のすべての物語を新しく ——シェルターの神学から傘の神学へ』（教文館、2020）

傘の神学Ⅰ　**普遍啓示論** —— そこに立ち現れる神

2024年5月20日 初版発行

**著　者** —— 濱　和弘

**発行者** —— 安田正人

**発行所** —— 株式会社ヨベル　YOBEL, Inc.
〒113-0033 東京都文京区本郷4-1-1　菊花ビル5F
TEL03-3818-4851　FAX03-3818-4858
e-mail : info@yobel. co. jp

**装丁者** —— ロゴスデザイン：長尾優

**印刷所** —— 中央精版印刷株式会社



**配給元**—日本キリスト教書販売株式会社（日キ販）
〒162 - 0814　東京都新宿区新小川町9 -1
振替 00130-3-60976　Tel 03-3260-5670


ISBN978-4-911054-17-8 C0016